W0331446

LA LIONNE DU BARREAU

Clarisse Serre

LA LIONNE DU BARREAU

SONATINE ÉDITIONS

Directeur de collection : Arnaud Hofmarcher

© Clarisse Serre, 2022

© Sonatine Éditions, 2022

Sonatine Éditions
32, rue Washington
75008 Paris
lisezsonatine.com

Ouvrage réalisé par Cursives à Paris

ISBN 978-2-35584-788-2
N° d'édition : 788 – Dépôt légal : septembre 2022

À Pierre Haïk

POURQUOI J'AI VOULU ÉCRIRE CE LIVRE

Je ne suis pas fille d'avocate ni d'avocat.

Je ne fais partie d'aucun réseau.

Je n'ai remporté aucun concours d'éloquence. J'ai même échoué au troisième tour du concours de la Conférence du stage des avocats du barreau de Paris.

Après dix-huit ans de métier, j'ai décidé de quitter Paris pour m'installer à Bobigny.

Je plaide en correctionnelle, aux assises, et partout en France.

Je veux parler ici de mon expérience et je veux qu'on s'intéresse aussi aux avocats de banlieue et de province. Il n'y a pas que Paris. Partout j'ai rencontré des avocates de talent : Florence Vincent, Cherifa Benmouffok, Maud Secheresse, Samira Boudiba… Je veux parler de ces femmes car trop souvent encore on parle des « ténors », alors que de très nombreuses avocates leur font de l'ombre.

Je voudrais dire à tous les jeunes qu'on peut venir de « nulle part » et réussir partout.

Qu'on sache enfin que ce métier que j'adore est passionnant et usant, qu'il me remplit autant de fierté que de désillusion.

Ce qui me guide tous les jours en me levant, c'est de me dire que c'est un honneur de défendre, de défendre comme on aimerait être défendue, que c'est une telle preuve de confiance d'être choisie qu'il faut assurer. Ne jamais rien lâcher. Toujours se battre.

Se battre comme une lionne.

© Benoît Peyrucq

BOBIGNY

J'ai exercé dix-huit ans à Paris.

Paris est une ville de prestige, elle attire les clients. Ceux-ci, c'est indéniable, se sentent rassurés d'avoir un avocat parisien. Comme si être parisien était un gage d'excellence. Ce n'est évidemment pas le cas, mais l'impact psychologique est là. Avocate au barreau de Paris, il faut le dire : ça claque !

À mesure que je participais à des audiences en région, lorsque j'étais encore « parisienne », j'ai rencontré de très bons avocats, souvent bien meilleurs que leurs confrères parisiens et avec une vie professionnelle tout aussi passionnante. Forcément, cela m'a conduite à m'interroger. Pourquoi fallait-il absolument rester à Paris ?

Quand on est avocate pénaliste, on est très peu dans son cabinet, et beaucoup plus sur les routes : les routes des prisons, celles des audiences, celles des tribunaux. Nous sommes des VRP du droit. Aussi, pourquoi avoir un bureau sur un boulevard haussmannien si on ne l'occupe jamais ? Pour rassurer le client ? Pour les apparences ? Ce n'est ni ma nature, ni ma conception du métier. Et puis était-il vraiment utile et nécessaire de supporter une charge fixe aussi importante que celle que représente un loyer parisien ?

Un jour, j'ai fait part à un de mes confrères, Gérard Zbili, d'une certaine lassitude des affaires instruites à la JIRS (la juridiction interrégionale spécialisée, qui regroupe des magistrats du parquet et de l'instruction, chargée des dossiers de criminalité organisée). Si celles-ci sont toujours passionnantes, elles sont aussi lourdes à gérer et, la plupart du temps, génératrices d'un stress qui finit par devenir épuisant. J'avais envie d'un pénal un peu moins lourd à porter. Gérard m'a alors demandé : « Pourquoi tu ne t'installes pas à Créteil ? Ou à Bobigny ? »

J'ai secoué la tête. La vraie question c'était plutôt : Pourquoi aller à Créteil ou à Bobigny ?

Il a pris le temps de développer son point de vue. « Tu pourras travailler avec une autre clientèle. Des affaires moins lourdes, plus régulières, plus rémunératrices peut-être et, en tout cas, certainement moins stressantes. »

Là, j'ai commencé à réfléchir. Et à prospecter.

Créteil, c'était compliqué : je ne trouvais pas de locaux qui me conviennent. Je me suis donc tournée vers Bobigny. J'en ai parlé à l'une de mes connaissances qui y exerçait, un avocat pénaliste, je lui ai demandé ce qu'il en pensait. Il m'a répondu que c'était une bonne idée. « Ici, il n'y a pas grand monde, Clarisse. Tu te ferais ta place, c'est certain. »

Ça m'a interpellée. Je lui ai demandé si, par hasard, il n'avait pas des bureaux à louer. Il se trouve qu'il en avait. Juste en face du palais de justice. En un sens, c'est cette occasion qui a précipité les choses. Je n'ai pas réfléchi trop longtemps. Pour tout dire, j'en étais arrivée à un stade de lassitude assez considérable.

Exercer à Bobigny m'est apparu comme une belle opportunité de challenge : repartir de zéro, tout recommencer.

Je m'y suis donc installée.

Cela fait bientôt dix ans, et je ne regrette rien.

Évidemment, quand j'ai débarqué, certains confrères locaux ont levé un sourcil. « Pourquoi vient-elle ici ? » Et à Paris, dans le petit milieu, certains ont ironisé. « Ah, d'accord. Elle part à Bobigny parce que ça ne marchait pas à Paris ! »

C'est ainsi : nombreux sont ceux qui pensent encore que la réussite ne passe que par la capitale. La profession reste très marquée par les clichés.

Dire : « Je suis du barreau de Bobigny », c'est prendre un risque. Dans l'imaginaire d'un certain nombre de gens, « bon avocat » ne peut rimer qu'avec Paris. Un bon avocat, ça exerce dans la capitale – parce que tout se passe là-bas, point final.

Géographiquement, quand on passe de Bobigny à la capitale, on a l'impression d'emprunter l'ascenseur social. Mais dans l'autre sens ? Je comprends que ça puisse être vécu comme une régression.

Heureusement, certains confrères ou amis m'ont soutenue.

Ils me trouvaient courageuse ; ils pensaient aussi que c'était malin.

« Moi, m'a glissé un copain, je crois qu'il n'y aura aucun problème, les gens vont te suivre. »

Et il avait raison.

Tous mes clients de droit commun m'ont suivie.

L'idée, au départ, était de faire du contentieux pénal – quelque chose de plus simple, de plus rapide, avec des comparutions immédiates. Finalement, les dossiers JIRS, dont je m'étais quelque peu lassée à Paris, ont continué d'arriver, ainsi que les affaires d'assises, et puis les affaires en province se sont développées. Au final, même si je le regrette, je plaide très peu en comparution immédiate. C'est en effet un exercice difficile mais passionnant. On découvre le dossier le matin et on plaide l'après-midi même. Les prévenus sont souvent dans une grande situation de précarité. Il faut être à la fois rapide et efficace.

Les gens savent maintenant que je suis à Bobigny, et j'ai l'impression que l'état d'esprit général est tout doucement en train de changer.

Un chef d'entreprise que j'avais eu l'occasion de défendre lorsque j'exerçais encore à Paris m'a récemment contactée pour une nouvelle affaire. Je lui ai dit que le rendez-vous aurait lieu à Bobigny. Au début, il a été déconcerté, l'idée de venir ne le réjouissait pas et puis, finalement, il a trouvé ça exotique. « Ce qui compte, m'a-t-il dit, c'est que vous me défendiez comme la dernière fois... »

Mais les barrières et les réticences sont encore solides, les préjugés aussi. Un, je suis une femme. Deux, je reçois à Bobigny. Je pars de loin...

Il faut bien comprendre que si un homme politique est empêtré dans une affaire judiciaire, il y a peu de chances qu'on lui dise : « Prenez une avocate de Bobigny. » Au sein de son cercle, cela ne se fait pas. Alors que, dans le milieu des voyous, du banditisme, ça ne pose pas de problème.

Certes, il est plus compliqué de venir à Bobigny qu'à Paris, ce n'est pas le même prestige, pas la même vue. Et il est certain que nombre de voyous seraient probablement plus contents de se rendre à Paris dans les beaux quartiers. Cependant, pour eux, ce n'est pas cela qui prime, mais la personne qui est face à eux.

Souvent, en province, on me demande : « C'est vous, l'avocate de Paris ? » Je secoue la tête : « Non, non, pas du tout, moi, je suis du barreau de Bobigny. » Pour eux, c'est à peu près la même chose. En province, Bobigny, Paris, on ne fait pas trop la différence. Un jeune de banlieue, quand il part en vacances à la mer ou à la campagne et qu'on lui demande : « Tu viens d'où ? », répond souvent : « De Paris », alors qu'il habite dans le 92 ou le 93.

Ce département de la Seine-Saint-Denis est encore mal perçu, incompris. Le réduire à la délinquance, c'est caricatural; le 9-3 est aussi un département très dynamique, à l'image du barreau de Bobigny : un barreau engagé pour assurer à tous – notamment les plus démunis – une assistance de qualité. Il serait temps que les mentalités changent. Que les hommes politiques – y compris ceux du département –, les chefs d'entreprise, les artistes, les sportifs, tous ceux qui ont affaire à la justice s'interrogent sur le recours quasi systématique à des avocats parisiens au détriment de ceux du 9-3.

Le barreau de Bobigny a pourtant bien des avantages. D'abord, il reste à taille humaine. Le bâtonnier y connaît tous les avocats. Ensuite, c'est un barreau atypique par sa composition, son dynamisme, son engagement manifeste. J'y ai de nombreuses consœurs, Pascale Bougier, Sonia Boundaoui, Marie Tostivint, Ariana Bobetic, Virginie Marques, Valérie Grimaud, Georgia Moreau Bechlivanou, toutes des femmes impliquées que j'admire et qui œuvrent pour l'image de Bobigny.

De cette appartenance au 9-3, j'essaie moi aussi de faire une force – en tout cas, je la revendique comme telle.

Je me dis que c'est peut-être ça, ma marque de fabrique dans le monde des avocats : je détonne.

Je suis une femme, je fais du pénal, j'exerce dans le 9-3, et alors ?

LE NOIR ET LE ROUGE

De la robe noire au sang des dossiers : c'est l'univers que je côtoie depuis maintenant plus de vingt-cinq ans. Les assassinats, les meurtres, les viols, les trafics en tout genre, les vols, les extorsions, les escroqueries : voilà mon quotidien.

Je me voyais avocate de la veuve et de l'orphelin, je me suis retrouvée avocate de la défense.

Les questions récurrentes que l'on me pose – « Mais pourquoi vous occuper de ce genre de clients ? », « Comment faites-vous pour défendre un type pareil ? » – me sont incompréhensibles. Si j'ai choisi cette profession de pénaliste, c'est justement pour défendre tout le monde, sans exception.

Je ne suis pas là pour juger mes clients. Je suis là pour les défendre.

C'est donc ce que je fais. Les comptes rendus d'autopsie, les reconstitutions des crimes, les expertises des armes – des kalachnikovs aux Uzi en passant par les Beretta –, les rapports sur les drogues – de la cocaïne à la MDMA –, ceux sur la téléphonie, les relevés ADN sont devenus mes lectures quotidiennes.

C'est noir, oui, mais c'est passionnant.

Je n'ai pas besoin de lire de polars, puisque je les vis par procuration.

Plonger dans un dossier, décortiquer une procédure, c'est sans doute ce qui me plaît le plus. Trouver la faille, traquer l'erreur qui permettra une défense utile, à défaut d'être toujours efficace, c'est ce qui m'anime.

Il ne faut pas se leurrer, c'est souvent lourd à supporter.

Pour beaucoup de gens, être avocat pénaliste se résume à plaider devant la Cour d'assises.

Cela existe, certes, mais c'est loin d'être notre quotidien.

Je passe ma vie à courir d'une juridiction à l'autre, de la province à la région parisienne, de Besançon à Draguignan, de Nice à Strasbourg. Être avocat, c'est aussi connaître par cœur les lignes et les horaires de la SNCF. J'ai encore en tête les accès les plus pratiques à des juridictions qui ont fermé, comme Péronne ou Bray, toutes deux disparues de la carte judiciaire.

Outre les voyages, les trains et les hôtels, il y a tout le temps passé à lire les dossiers, à préparer les plaidoiries. Le temps consacré à l'administratif, qui a vite fait de devenir compliqué dans le domaine judiciaire. Les visites en prison, les rendez-vous avec les familles. Les gens qu'il faut épauler, soutenir, réconforter. Qu'ils soient victimes ou prévenus.

Tout ça demande une énergie folle, dans un environnement humain où il y a beaucoup de désespoir et bien peu de joies.

Aussi, j'ai vu pas mal de robes noires sombrer.

J'ai vu des confrères en dépression, d'autres qui jetaient l'éponge, certains radiés du barreau, se retrouvant en prison, parfois en hôpital psychiatrique.

C'est un métier violent.

Je rencontre souvent des jeunes qui idéalisent la profession d'avocat, en particulier celle de pénaliste. Je ne veux pas les décourager, mais je veux être honnête avec eux, qu'ils sachent à quoi s'attendre.

Avocat, c'est une vie à part entière.

Une vie faite de violences, d'épreuves, de désespoir.

Il faut bien, malgré tout, faire avec. Nous n'avons pas le choix. Nous incarnons bien souvent le dernier espoir de nos clients.

À certains moments, il ne reste plus que nous pour défendre l'humain. Tout en assumant l'épouvantable de certains de ses crimes.

Cela ne peut pas se passer dans le luxe, le calme et la volupté.

Il faut l'accepter. Et être suffisamment passionné pour continuer.

NE JAMAIS BAISSER LA GARDE

Les études d'avocat pénaliste ne nous forment pas à la violence du monde dans lequel nous allons évoluer.

Ni à son langage.

Nulle part on n'apprend à parler à un voyou (par « voyou », j'entends celui qui fait le choix d'être *dans* la délinquance, qui opte sciemment pour ce choix de vie, même si, dans certains cas, on peut discuter du fait qu'il s'agisse véritablement d'un choix).

Et la violence fait souvent partie des codes du voyou, de sa façon de vivre.

On est bien obligé de faire avec, mais la vérité, c'est qu'on n'y est jamais pleinement préparé.

On apprend sur le terrain, au coup par coup.

Parfois, des gens déboulent dans votre bureau simplement pour prendre rendez-vous et d'un instant à l'autre, sans prévenir, ils tapent du poing sur la table : « Ça va se passer comme ça, vitupèrent-ils, et pas autrement ! » Certains peuvent se révéler menaçants, dépasser les bornes. D'autres estiment qu'ils ne vont prendre que cinq ans, par exemple, et si je leur dis qu'ils se font des illusions, ils s'énervent.

C'est seul qu'on apprend à gérer ces situations.

Je connais de multiples histoires partagées entre confrères sur la pression que certains clients exercent sur leurs avocats. C'est un sujet rarement évoqué publiquement, pourtant c'est une réalité.

Dans le passé et dans la mémoire collective des avocats pénalistes, de sombres histoires sont enfouies.

Certaines ont refait surface lors d'une affaire hors normes, celle de la tentative d'assassinat d'un avocat à Paris.

Je défendais l'un des accusés.

À cette occasion, le juge s'est aperçu qu'il y avait eu pas mal d'avocats qui, dans les années précédentes, avaient été victimes de chantage ou d'agression, mais n'avaient pas porté plainte. Il les a donc convoqués, mais ceux-ci se sont retranchés derrière le secret professionnel. Ils n'ont pas parlé. Sans doute avaient-ils trop peur des conséquences. Parmi eux, une avocate qui avait été frappée à plusieurs reprises avait vu ses agresseurs. Ceux-ci étaient liés à l'affaire en cours. Malgré tout, elle a préféré se taire. Même chose pour un pénaliste chevronné qui avait été victime de violences de la part de la même équipe. Lui aussi a choisi l'omerta. Ne pas répondre plutôt que de s'exposer à des violences encore plus grandes. C'était leur choix, mais tout ceci fait froid dans le dos.

Ce procès de tentative d'assassinat a été intense. Plusieurs figures du grand banditisme, interrogées en tant que témoins et tout à fait au courant de ces faits d'intimidation et d'agression envers les avocats, se sont tues elles aussi. Beaucoup de questions sont restées sans réponses. Pour tous les avocats de la défense, ces journées ont été difficiles. Heureusement, nous étions solidaires. Il fallait gérer l'audience à proprement parler, mais aussi certains à-côtés qui, pour les non-initiés, n'étaient pas toujours visibles. Nous savions en effet que des individus présents dans le public rapportaient à l'extérieur tout ce qui se passait dans la salle d'audience. En particulier l'identité des accusés ou des témoins qui parlaient un peu trop. Il régnait aussi une tension palpable entre les différents accusés. Nous percevions bien que, pour eux, au-delà de l'enjeu pénal, il y avait aussi la loi du silence, des non-dits, des choses à ne pas ébruiter. Moi-même, je me sentais espionnée. C'est là que j'ai compris qu'en tant qu'avocate je devais me contenter du dossier et ne pas m'immiscer trop loin dans leurs histoires. Leurs codes n'étaient pas les miens. Je devais me limiter à mon travail, sans surtout m'aventurer au-delà. Leurs silences, leurs regards, les mots échangés à voix basse : tout cela n'était pas mon affaire.

Jamais je n'avais imaginé jusqu'alors que l'on puisse tirer sur un avocat. Il y avait bien eu des assassinats de juges, comme celui du juge Michel ou celui du juge Renaud, mais qu'un voyou puisse tirer sur celui qui était l'incarnation des droits de la défense, cela ne s'était encore jamais vu.

On sait que notre métier n'est pas de tout repos, mais il peut aussi, on le voit, s'avérer aujourd'hui particulièrement dangereux.

Il faut faire avec. On n'a pas le choix.

Le mieux pour éviter les débordements, c'est de fixer avec ses clients des limites dès le départ.

Imposer certaines règles.

C'est une façon de se protéger, mais aussi de se faire respecter.

Il faut tenir un discours ferme. Même si ce n'est pas toujours évident. C'est ainsi très difficile d'expliquer aux familles que, l'avocat étant tenu au secret professionnel, aucun élément lié à une instruction en cours ne pourra leur être communiqué. Seul celui qui est mis en examen est informé. Lorsque celui-ci est incarcéré, ses proches nous pressent de questions : « Mais, maître, je suis sa mère, quand même, j'ai le droit de savoir qui a déposé contre mon fils. ». Bien que cela puisse être délicat, il faut leur répondre de manière catégorique et systématique par la négative, sous peine de se voir poursuivre pour violation du secret.

Cela est d'autant plus difficile à respecter que le secret de l'instruction est devenu un secret de Polichinelle. Qui n'a pas vu ou entendu à la radio, à la télévision un « journaliste » expliquer que M. X… a reconnu, en garde à vue, avoir commis tel ou tel crime ? Qui n'a pas vu ou entendu un procureur, en conférence de presse, donner des détails sur une enquête en cours ? Si un avocat tenait des propos similaires, il serait poursuivi au regard des dispositions du Code de procédure pénale. C'est le fameux article 11, alinéa premier : « Sauf dans le cas où la loi en dispose autrement et sans préjudice des droits de la défense, la procédure au cours de l'enquête et de l'instruction est secrète. »

Comment expliquer à ces familles que nous recevons chaque jour dans notre cabinet que nous sommes tenus au secret alors que, dans certains dossiers, la presse a déjà divulgué depuis longtemps des procès-verbaux ? De la même façon, nous devons nous taire alors que la plupart des détenus disposent de portables en cellule (bien que cela soit interdit en prison et que tout le monde le sache) et peuvent donc communiquer avec l'extérieur, donner toutes les informations qu'ils veulent à leurs familles, à leurs amis, et parfois même, pour s'éviter des problèmes avec eux, mentir sur le contenu du dossier d'instruction.

Certains confrères n'hésitent pas, malgré tout, à communiquer certains faits aux familles, pour des raisons aussi diverses que variées.

Parfois, parce qu'ils se sont fait piéger.

Il est vrai que, dans un tel contexte, ce n'est pas toujours simple de tenir bon, mais nous n'avons pas le choix. C'est évidemment facile à dire, facile à écrire, mais c'est la condition *sine qua non* pour exercer.

Du fait de cette conviction, on me qualifie souvent de psychorigide. Et c'est vrai que je dis toujours à mes clients que je respecte le Code, *quoi qu'il arrive*. Parce que c'est la seule façon pour moi de rester crédible et de garder mon indépendance vis-à-vis de mes clients. C'est aussi une manière de me protéger. Je sais que si l'on commence à transiger, ne serait-ce qu'un minimum, c'est fichu : on ouvre une porte qu'on ne pourra pas refermer. Il ne faut jamais baisser la garde.

Ne faire aucune exception.

Bien avoir conscience que chacune des concessions que vous êtes tenté de faire peut, un jour ou l'autre, être exploitée, et en premier lieu par votre client. Ce qui finit toujours par se retourner contre vous.

Si, par exemple, un client m'appelle d'un portable depuis la prison – ce qui, une fois encore, est formellement interdit par la loi –, je refuse chaque fois l'appel. Sinon je prendrais le risque d'entrer dans un engrenage qui, de prime abord, semble insignifiant, mais qui, à la fin, peut s'avérer fatal. Et tant pis si mon client le prend mal : je l'ai prévenu dès le début, je ne suis pas à sa disposition en permanence, encore moins à ses ordres, et je n'agis que dans le cadre de la loi.

Le faux pas est vite arrivé. Les pièges sont innombrables.

Il m'arrive ainsi de m'emporter contre mes jeunes collaborateurs quand ils font des promesses à un client, quand ils lui disent des choses susceptibles ne serait-ce que de susciter un malentendu, quand ils négligent, malgré eux, la déontologie : « Non mais, pourquoi vous lui avez raconté ça ? » La réponse, donnée sur un ton penaud, est toujours la même : « Mince, je n'y avais pas pensé ! »

Il est certain que, dans le feu de l'action, la vigilance, parfois, s'amenuise – ça arrive à tout le monde. Il faut rester en permanence en alerte. Veiller à se ménager des pauses, sans cesse se demander si les barrières sont bien installées et, surtout, si elles sont solides.

Ce qui est usant.

Ce métier nécessite un caractère bien trempé, il ne faut pas se le cacher.

À une époque, je travaillais avec deux collaborateurs vraiment jeunes. Ils allaient voir des détenus à Nanterre, et les types tenaient systématiquement à les tutoyer. Je suis restée ferme : « Vous leur dites non. Vous leur dites que Clarisse ne veut pas. » Cette volonté de tutoyer, surtout venant de gens plus jeunes que vous, peut se comprendre. Mais c'est déjà un pas qu'il est risqué de franchir. Il ne faut jamais installer une complicité allant au-delà du plan professionnel. Et quand on a établi cette règle, il est primordial de s'y tenir.

De la même façon, il est préférable d'être toujours honnête avec son client. Même si c'est parfois dur à assumer pour lui. Même s'il le prend mal.

Il y a beaucoup d'avocats très rassurants, très positifs, de très bons communicants : ils savent dire au client ce que celui-ci a envie d'entendre. C'est un peu le même cas de figure que pour les médecins. Certains patients préfèrent se confronter à la réalité, d'autres se laisser bercer d'illusions. Aucune des deux attitudes, sans doute, n'est idéale, tout dépend du type de rapport que vous désirez instaurer. Les gens choisissent à qui ils vont faire confiance, il y a là-dedans un côté très instinctif.

Avec moi, c'est clair d'emblée. Je suis certainement moins optimiste que nombre de mes confrères, mais à la fin je préfère avoir une bonne surprise qu'une mauvaise. Je vois souvent des clients arriver et me dire : « Cet avocat, on le connaît, on sait pertinemment qu'il est très bon, mais il nous a enfumés plusieurs fois et on ne veut plus avoir affaire à lui. Vous, vous êtes moins connue, mais on sait que vous ne racontez pas d'histoires. Si vous nous dites que c'est mort, on vous croit. »

Dans mon cas, bien sûr, je suis aussi confrontée à la complexité des rapports homme/femme. Souvent mes clients du sexe dit « fort » essaient de prendre l'ascendant. Combien de fois ai-je entendu : « Attendez, c'est ma troisième ou quatrième incarcération, je connais la musique par cœur, vous n'allez pas m'apprendre comment ça se passe, ma petite dame ? »

Et je ne parle même pas de ce qui relève du rapport de séduction. Là encore, il faut rester intransigeante, définir une ligne à ne surtout jamais franchir. Beaucoup de mes confrères, femme ou homme, d'ailleurs, se sont fait prendre à ce piège de la belle vie, et cela s'est toujours mal terminé pour eux. Finissons donc par un conseil : si la figure du voyou vous fait fantasmer, ne choisissez surtout pas ce métier...

L'ÉLÉGANCE DES BANDITS

« C'est le plus grand des voleurs, oui, mais c'est un gentleman[1] », chantait Jacques Dutronc. Mais n'est pas Arsène Lupin qui veut.

Le grand banditisme a changé.

Autrefois, il y avait un code d'honneur. Et celui-ci s'appliquait aussi aux relations avec les avocats.

On avait choisi celui qui nous représentait, il faisait le travail pour lequel il était payé et, partant de là, on lui devait le respect.

On trouve encore, chez certains anciens voyous, des réminiscences de cette époque.

Ceux-là nous parlent avec déférence, ils savent qui nous sommes, ce que nous représentons : « chacun son domaine », telle est l'idée.

Mais, globalement, le contexte a évolué, les valeurs aussi. À l'instar de la société qui se transforme – avec la violence et les menaces en toile de fond.

Le respect dû à l'avocat n'est certainement plus une valeur cardinale.

Le principe, dorénavant, c'est souvent : j'ai payé, donc c'est moi qui décide et je veux un résultat. Ce qui, à mon sens, constitue une réelle menace pour les avocats. Il faut savoir se faire respecter.

---

1. « Gentleman cambrioleur », Jacques Dutronc, *Gentleman cambrioleur*, 1975, Sony Music Entertainment.

Jadis, la chose était plus nuancée. Un client vous rémunérait pour obtenir la meilleure défense possible, évidemment, mais il était lucide, il savait à quoi ressemblait son dossier, ses points forts, ses points faibles – l'avocat n'était pas tenu à l'impossible.

Désormais, il l'est.

On a en effet affaire aujourd'hui à des gens qui vivent dans l'immédiateté, pour qui l'argent est la valeur principale, en conséquence de quoi la politesse et le respect passent souvent au second plan. Je me fiche de qui tu es, de ce que tu représentes : je paie, donc je décide.

On est assez loin de Gabin ou de Ventura, en somme. Il n'y a plus guère de panache.

Ce sont des gens pour qui on se bat, avec qui on est en contact régulièrement ; on essaie de faire avancer leurs dossiers et lorsqu'on va les voir en prison, ils nous reprochent de « ne rien faire ». On est obligé de leur mettre les points sur les *i*. « Monsieur ce n'est pas que je ne fais rien, c'est que je ne vous ai pas sorti de prison, c'est différent. »

Peut-être est-ce aussi la faute de certains avocats. Entretenir une proximité avec les voyous est très risqué. Des confrères se sont brûlé les ailes à ce jeu : sortir avec les voyous, aller avec eux en boîte de nuit, etc. À ce stade, les relations ne sont plus professionnelles, elles deviennent amicales. Pour avoir franchi cette ligne rouge, quelques-uns ont été radiés, d'autres ont arrêté d'exercer au pénal. Peu à peu, les voyous se sont mis à penser que tous les avocats étaient faits du même bois. Or seule une minorité se laisse tenter.

Avocate pénaliste est un métier risqué. Il faut garder les pieds sur terre.

Être constamment vigilante.

Ne pas se faire manipuler.

Ne pas tomber amoureuse.

Il est vrai qu'on peut être fascinée par ces voyous. Beaucoup vivent dans l'instant présent, ils « croquent » la vie, dépensent et se dépensent sans compter, sachant qu'ils peuvent tomber ou prendre une balle à n'importe quel moment.

J'ai été invitée à des soirées, des mariages, des baptêmes. Mille fois j'ai eu envie d'y aller. Je ne l'ai pas fait. Trop dangereux. J'aurais pu y perdre beaucoup, à commencer par mon indépendance.

Ainsi, mes clients restent des clients et ne sont pas des amis. Je connais certains d'entre eux depuis de très nombreuses années. Je les apprécie et je pense que ce sentiment est réciproque, mais mon indépendance ne doit pas en souffrir. Ma crédibilité auprès des magistrats est à ce prix. Beaucoup nous voient comme des complices de ceux que nous défendons. Il faut constamment rappeler que défendre des voyous ne veut pas dire que nous approuvons leurs actes.

Il reste néanmoins quelques grandes familles. Implantées à Paris, à Marseille, à Grenoble, à Lyon. En Corse. Des gens « au-dessus du lot », si l'on peut dire. Au sein de certaines d'entre elles, dont je m'occupe, de nombreux membres sont fichés au grand banditisme. Eux, on sent qu'ils ont du mal à tourner la page, à sortir de cet enchaînement où les mêmes causes produisent les mêmes effets. D'autant plus s'ils ont des enfants. En général, quand je retrouve un fils ou un neveu au tribunal, je suis rarement étonnée. Je n'ai pas le souvenir qu'on m'ait jamais annoncé, dans ce genre de famille : « Maître, vous allez être surprise ! Mon fils a fait des études de droit, il est aujourd'hui avocat » ou même : « Il est devenu restaurateur, tout va bien. » Malgré tout, ce sont des gens qui ont encore un véritable code d'honneur, une certaine élégance – et pour eux, le mot « respect » a encore un sens. Autant de qualités qui sont aujourd'hui en voie de disparition.

L'AVOCAT EST UNE FEMME

© Benoît Peyrucq

2003. Je reçois la visite de Mme H. Elle souhaite que j'assiste son mari, membre d'un clan bien connu des services de police, fiché au grand banditisme et incarcéré depuis plusieurs mois. Elle m'explique qu'il a déjà un avocat mais qu'on lui a parlé de moi et qu'elle veut que je participe à sa défense.

Toute jeune à l'époque, parfaitement inconnue, j'étais aussi surprise que flattée. Mais le timing n'était pas idéal puisque j'étais enceinte. Je lui ai donc répondu : « Écoutez, madame, comme vous le voyez, je suis sur le point d'accoucher, ce n'est donc pas vraiment le moment de faire appel à moi. Cela dit, dans deux mois, ce sera différent. Si vous n'avez pas changé d'avis à ce moment-là, revenez me voir. » Je pensais au fond de moi : « Il y a à peu près dix-huit mille avocats à Paris, elle va forcément s'adresser à quelqu'un d'autre. »

Je me trompais. Après mon accouchement, elle est en effet revenue me voir. Et j'ai défendu son mari. Depuis, au fil des années, j'ai plaidé pour lui dans une dizaine d'affaires, ainsi que pour d'autres membres de leur famille. Quelque chose s'est créé entre nous, un lien, c'est indéniable. Lui est un homme très amical qui m'a souvent invitée à venir dîner chez eux. Ce qu'évidemment je n'ai jamais accepté.

Sa femme est dotée d'un fort tempérament, elle ne ressemble pas à ces épouses de voyous dociles qui viennent régler ses honoraires à l'avocat ou qui portent les sacs à la prison sans jamais se poser de questions. Elle, elle porte la culotte. Vraiment. Et puis, elle sent les choses ; si elle soupçonne qu'on la mène en bateau, elle ne se laisse pas faire, elle réagit avec vigueur. Je le lui ai d'ailleurs dit plusieurs fois, parce que c'est ce que je pense réellement : dans d'autres circonstances, elle aurait pu être avocate. Parfois, je l'observe, elle se penche vers son mari, soucieuse : « Non mais là, tu vois bien que ça ne va pas, ça... » Elle contrôle la situation, elle a même aujourd'hui monté une entreprise qui a pignon sur rue.

D'un autre côté, fatalement, elle reste prisonnière d'un certain système, de l'identité propre à son clan. Le faste, les marques, ça lui plaît... Quand c'est un peu clinquant, on ne sait jamais si c'est de la contrefaçon ou si c'est tombé du camion... J'essaie de la mettre en garde contre ça. Il est certain que, dès qu'elle fait étalage de son goût du luxe, le doute s'installe sur l'origine de l'objet ou du vêtement en question. Récemment, elle est venue au cabinet avec son mari, elle était habillée en bleu de travail. « Je suis désolée... » Je ne voyais pas où était le problème. : « Mais non, voyons, vous travaillez, c'est normal... » Elle a secoué la tête. « Vous ne comprenez pas... Chez nous, c'est inconcevable, de mettre un bleu de travail. Les femmes sont en Chanel, en Gucci, et les hommes en costards. » Tels sont les codes, l'univers de ce genre de clients.

Récemment, il m'a semblé intéressant d'avoir une conversation avec elle, qui illustre assez bien, me semble-t-il, nos rapports avec certains de nos clients évoluant dans ce milieu.

Clarisse Serre : Quand vous êtes venue me voir, la première fois, vous aviez déjà des avocats ?

Mme H. : Oui. Mon mari était en prison et l'affaire n'avançait pas. Il trouvait que les avocats n'en faisaient pas assez, il voulait absolument en changer. Et puis, on avait assisté à un procès où une certaine Me Serre avait plaidé. Quand on était sortis de la salle d'audience, mon mari m'avait dit : « Je n'ai jamais vu une avocate plaider comme ça. C'est incroyable, ce qu'elle vient de faire. »

Quelque temps plus tard, un de nos amis nous a confié : « J'ai une idée pour vous, une très bonne avocate », et il nous a tendu la carte de Clarisse Serre. J'ai rappelé à mon mari que c'était vous que nous avions vue plaider. Il n'avait pas oublié. Il m'a dit : « Ça serait bien que tu ailles la rencontrer pour voir ce qu'elle peut faire pour moi. »

C. S. : Vous en avez parlé avec feu Me Jean-Yves Liénard, je crois.

Mme H. : Oui. C'était le top des avocats. Il a défendu ma famille jusqu'au bout.

C. S. : Vous êtes allée le voir pour quelqu'un d'autre et vous lui avez dit que vous m'aviez prise comme avocate pour votre mari. Me Liénard était de la génération d'avant la mienne, on parlait de lui comme de l'avocat des caïds, des voyous, et moi, à l'époque, je débutais. Et lui, très classe, vous a assuré que c'était un « très bon choix », que vous aviez eu raison. D'autres que lui n'auraient pas eu cette délicatesse. J'étais à la fois une femme et une inconnue, deux handicaps majeurs.

Mme H. : Le fait que vous soyez une femme, ça ne m'a jamais perturbée, moi. Avant tout, vous êtes une très bonne avocate, et c'est ce qui m'importe.

C. S. : Pourtant, les grands noms du barreau, les ténors que l'on connaît sont principalement des hommes. Ça ne vous a jamais gênée ?

Mme H. : Au contraire ! Moi, quand vous faites une plaidoirie, je vous comprends mieux que les autres avocats. Et mon mari, c'est pareil. Pourtant, j'en ai entendu des plaidoiries, mais je ne sais pas : vous, ce que vous dites, c'est carré, c'est posé, et ça, ça nous plaît. Ce que j'aime chez vous, c'est que vous êtes quelqu'un qui s'occupe d'un tas de choses, vous êtes « dans » la vie. Vous avez une famille, entre femmes, on se comprend...

C. S. : Vous avez ouvert une brèche, en quelque sorte. Avant, dans votre famille, on ne prenait que des avocats hommes. Et quand, il y a dix-huit ans, vous avez annoncé la nouvelle aux vôtres – « On va prendre Clarisse Serre » –, je crois qu'ils n'ont pas très bien saisi.

Mme H. : Oui, avec mon mari, c'est passé, mais les autres membres de la famille m'ont regardée bizarrement : « On ne comprend pas, pourquoi tu ne continues pas avec des avocats que l'on connaît ? » Avoir recours à une femme, ça ne se faisait pas à l'époque.
C. S. : Un jour, au début, votre mère est venue me voir et on s'est un peu écharpées. Elle m'a fait savoir que, dans sa famille, on ne prenait que de grands avocats et que si ça n'avait tenu qu'à elle, elle ne m'aurait pas choisie. Des années après, il n'y a pas si longtemps, on s'est recroisées et elle m'a dit : « Vous êtes une super avocate ! » Évidemment, ça m'a fait plaisir.
Mme H. : Vous avez créé votre propre nom. Vous êtes une battante. Ce n'est pas simple d'exister au milieu de tous ces hommes…
C. S. : Quand nous nous sommes rencontrées, j'avais déjà huit ans de barreau, mais je venais tout juste de m'installer à mon compte. Quand on a su que je prenais l'affaire, ça en a étonné plus d'un autour de moi : « Tiens, tu défends quelqu'un de la famille H. ? » Ça paraissait incongru. Le fait est que je ne m'étais jamais posé la moindre question de légitimité. Pour moi, c'était un dossier comme un autre, il fallait travailler, c'est tout. Moi, je ne demande jamais ce qui s'est vraiment passé, ce n'est pas mon rôle : je ne suis pas magistrate, je ne suis pas flic non plus. Pour défendre mes clients, je n'ai pas besoin de savoir. Ce que je leur demande simplement, c'est : « Essayez de faire en sorte que, dans trois mois, je n'apprenne pas quelque chose qui se retourne contre vous. » Je m'efforce d'anticiper. Après, il y a un autre point notable – essentiel, même –, c'est que vous êtes quelqu'un de fidèle. Il y a des gens qui font tous les avocats de Paris, qui papillonnent…
Mme H. : C'est important la fidélité, je trouve. Lors de vos plaidoiries, moi, je me sens en confiance, vous êtes avec nous, vous nous connaissez. Vous connaissez notre famille, vous connaissez notre mode de vie. Vous connaissez mes enfants.
C. S. : C'est vrai, j'ai une fille qui est née peu avant votre dernier enfant, ça crée des liens. Même si on n'est pas en contact permanent, il y a quelque chose qui perdure. Ce côté humain est

essentiel. Il ne s'agit pas d'un simple dossier. C'est plus personnel. Votre mari, il peut être impliqué dans les mêmes affaires que son frère, il n'empêche qu'ils n'ont pas la même personnalité, tous les deux. Et c'est important de le savoir, de bien connaître chacun d'entre eux. Il y a des parcours de vie, des éléments dont les juges ne sont pas forcément au courant, qui peuvent infléchir une existence. Et puisqu'on parle des juges, le dernier procès où j'ai plaidé pour votre beau-frère était très intéressant. Je continue de penser que le juge donnait de l'importance au nom H. Je ne prétends pas que le prévenu était blanc comme neige, mais on lui a assigné un rôle, on lui a collé une étiquette qui fait qu'il n'est pas traité comme tout un chacun. Bien connaître la famille est alors un atout, même si on ne peut jamais rien promettre.

Mme H. : C'est vrai, vous, vous ne promettez rien. Vous êtes cash, vous ne faites pas miroiter de miracles. Vous travaillez, c'est tout. Je pense à Me A. – qui a aussi défendu mon mari... Eh bien, c'est vrai qu'il promettait beaucoup. Je ne dis pas qu'il n'était pas bon avocat, mais il promettait beaucoup. Vous, tout ce que vous promettez, c'est que vous allez travailler. Bien sûr, vous essayez de rassurer, aussi – s'il y a une possibilité d'obtenir une sortie, vous allez nous le dire. Mais ça ne va pas plus loin.

C. S. : Ce qui est important, c'est cette relation de confiance dont nous parlons. Je ne vous ai jamais rien promis, madame H., mais nous avons toujours obtenu des résultats. Cette complicité qui existe entre nous, c'est essentiel. Elle nous fait gagner du temps. Certains clients s'adressent à moi avec des idées fausses. Ils se persuadent que je vais les sortir de prison. Évidemment, on vient me trouver pour ça, à la base, on a cet espoir, et moi, je n'ai aucun intérêt à ce que mes clients restent en prison. Mais d'un autre côté, je ne suis pas magicienne. Ce que je dis aux gens, c'est : « Je ne vous promets rien. » Si le client doit sortir, alors il sortira. Dernièrement, une mère de famille m'a harcelée, elle était persuadée que j'allais faire sortir son fils de prison, elle s'est mis en tête que c'était une question d'argent. Je lui ai dit : « Madame, ça ne tient pas qu'à moi, tout ce que je peux vous certifier, c'est que je vais essayer, mais je ne peux rien vous promettre ni rien vous assurer.» Certaines personnes refusent d'entendre ça. Quand je tombe sur un client qui veut que je lui promette la sortie, je dis non.

Mme H. : Vous m'avez dit un jour : «Je n'ai pas de boule de cristal.»

C. S. : Ce n'est pas que je refuse de donner de l'espoir aux gens, mais quand quelqu'un est impliqué dans une affaire criminelle sérieuse, il serait malhonnête de ma part de lui promettre qu'il va sortir dans les trois mois.

Alors, parfois, des gens se détournent : «On va aller voir ailleurs, vous êtes trop pessimiste.» Mais c'est comme un médecin quand il annonce à quelqu'un qu'il a un cancer. Vous voulez changer de médecin ? Allez-y !

Je sais que mon attitude n'est pas toujours appréciée par tout le monde. Dernièrement, un de mes clients que j'ai vu au parloir m'a raconté : «Je vous avertis, il y a un de vos clients ici en détention qui m'a demandé qui j'avais pour avocat. Quand je lui ai répondu que c'était vous, il m'a dit : "Mauvaise idée, tu devrais en changer !" Ce à quoi j'ai rétorqué : "Je t'arrête tout de suite. Tu as Clarisse comme avocate depuis combien de temps ?" Il m'a répondu : "Six mois." Je lui ai dit : "Je l'ai depuis quinze ans, alors laisse-moi tranquille, je sais comment elle travaille."» Pour conclure, ce client m'a mise en garde : «Méfiez-vous de ce type !» Le type en question, je ne lui ai rien dit sur le coup et je l'ai fait sortir de prison. Alors, seulement, je l'ai pris à part. Je lui ai dit : «Monsieur, maintenant, je vais vous parler clairement. Je sais que vous racontez des choses sur moi, ce qui n'est pas correct. Je ne promets jamais rien, c'est vrai, mais je travaille, beaucoup, et maintenant, grâce à moi, vous êtes dehors.» Il s'est défendu. «Je n'ai jamais dit ça, ce n'est pas vrai ! Ce que j'ai dit, c'est que votre collaborateur est très sympa, mais que vous, vous êtes froide.» Ce à quoi j'ai répondu : «Monsieur, je suis froide parce que je ne suis pas votre amie, je ne suis pas là pour ça. Et là, vous êtes en train de me raconter des histoires, vous n'assumez pas. C'est pourquoi, dorénavant, je ne m'occuperai plus de vous. »

Voilà comment une réputation se construit, pour le meilleur et pour le pire. On me reproche souvent de n'être pas « sympa », c'est vrai, d'être « distante », mais en tant que femme, je veux les garder, ces distances. Je me méfie également des écoutes téléphoniques : les flics nous entendent et un avocat qui fait « ami-ami » avec ses clients n'est plus crédible aux yeux de la justice, même s'il n'a rien à se reprocher. La moindre entrave aux règles peut être dommageable au client. Ainsi, je me rappelle la première fois que vous êtes venue, vous vouliez voir le dossier de votre mari. Je vous ai expliqué que c'était interdit. Seul votre mari avait le droit de le consulter. Il faut reconnaître que c'est une situation quelque peu absurde dans la mesure où lui pouvait le lire et tout vous raconter ensuite. Cependant, c'est ainsi, c'est la règle. Il y a des familles qui refusent de comprendre. Et des avocats qui leur balancent les dossiers.

Et donc, j'en reviens à cette notion de confiance : c'est très compliqué d'instaurer ce climat quand on est confronté à des obligations de ce genre. La confiance, ça se gagne. Il faut du temps. Pour moi, c'est évidemment plus simple de travailler pour des gens avec qui cette relation existe déjà.

Mme H. : Par ailleurs, je pense que vous suivez très bien les dossiers. Et ça aussi, c'est très important.

C. S. : C'est vrai, j'essaie. J'ai des collaborateurs qui lisent aussi les dossiers – ils sont tous lus par deux avocats différents. « Défendez ces gens comme si c'était vous qui étiez de l'autre côté », voilà ce que je répète à ceux qui travaillent avec moi. Qu'ils s'imaginent en prison et qu'ils se demandent ce qu'ils attendraient d'un avocat. Cela commence par l'impératif d'être le mieux informé possible de la situation et de son évolution. Être informé régulièrement, en tout cas. Ce qui nécessite une masse de travail très importante. J'insiste également toujours auprès du client pour qu'il connaisse son dossier aussi bien que moi. Dans les moindres détails. Cela fait partie de l'équilibre à trouver entre le client et l'avocat. Travailler ensemble dans la confiance et en bonne intelligence. C'est vrai qu'il y a des gens qui ont du mal avec ça. Au pénal, c'est si particulier, si délicat... mais seule cette relation de confiance permet de faire vraiment bouger les choses.

LES ASSASSINÉS

Je les ai tous connus. Ils étaient de tous âges. Ils sont tous morts.

Assassinés.

En République dominicaine, en Espagne, en Seine-Saint-Denis, dans les Hauts-de-Seine.

À mes débuts, je n'imaginais pas croiser des hommes qui finiraient de la sorte. Tous avaient pourtant fait certains choix de vie, tous vivaient avec ce risque du « métier ».

J'ai gardé le souvenir d'un client hors du commun. Cet homme, c'était la classe absolue, un voyou, un vrai, j'allais dire : « dans le bon sens du terme ». Il avait été impliqué dans un réseau de stupéfiants, puis soupçonné, notamment, dans une affaire de bijoux volés dans un palace parisien. Deux de ses anciens comparses sont par ailleurs tombés dans l'affaire du braquage de Kim Kardashian. Il s'était enfui de France pendant une permission de sortie pour aller vivre en Espagne. Quand il m'a contactée, via son avocat espagnol, il y résidait depuis plus de quinze ans. Il m'a dit : « Voilà, ma femme veut absolument que je me mette en règle avec la France. Je sais qu'il ne doit pas me rester grand-chose à purger, peut-être même que c'est prescrit. » C'était assez incroyable. Ses deux enfants avaient fait de bonnes études, sa fille avait une belle situation, tout le monde menait une vie respectable avec laquelle il voulait renouer. Je lui ai répondu : « Monsieur, il n'y a pas d'autre solution, si vous voulez en finir avec cette situation, vous allez être incarcéré. Pas très longtemps, mais vous serez incarcéré. »

Je l'ai accompagné à un rendez-vous chez le juge en sachant très bien que la prison l'attendait. En entrant dans le bureau, il m'a désigné la chaise : « Maître, je vous en prie, asseyez-vous. » Il a serré chaleureusement la main de la procureure, il s'est montré d'une cordialité et d'une politesse exquises : « Je vous remercie, je vais partir à Fleury-Mérogis. »

Je pensais, tout comme les magistrats du parquet, que l'incarcération serait provisoire, qu'après la mise à l'écrou le juge d'application des peines examinerait le dossier rapidement et qu'il serait dehors dans les quinze jours. Les faits étaient très anciens, proches de la prescription, et cela faisait longtemps qu'il se tenait tranquille. Surprise : la juge d'application des peines n'a rien voulu entendre. Tout le monde a déchanté.

Il était le plus âgé de la prison. Il m'expliquait que les détentions qu'il avait vécues n'avaient rien à voir avec celle-ci, que les détenus n'avaient plus aucune valeur, plus aucun respect. Il a eu pas mal de problèmes en prison, à tel point qu'il a décidé de ne plus aller en promenade. Chaque fois que j'arrivais pour le voir et qu'il était assis sur sa chaise, il se levait avec empressement. « Maître Serre, comment allez-vous ? Vous êtes très élégante, aujourd'hui. »

Il me racontait des histoires étonnantes ; c'était un conteur-né qui savait charmer son auditoire, je lui disais : « Il faudra écrire là-dessus. » Sa vie aurait fait un film incroyable. Ne serait-ce que cette histoire d'un homme qui vient se livrer spontanément à la justice, alors même que cette dernière l'avait oublié. Finalement, malgré l'entêtement de la juge d'application à vouloir ralentir ce dossier si atypique, il a fini par être libéré.

Il est reparti pour l'Espagne, nous sommes restés en contact jusqu'au jour où il s'est fait assassiner devant chez lui. Il avait soixante-cinq ans. C'était un homme à qui je vouais un certain respect. Et je crois que c'était réciproque.

Je me souviens d'un autre client assez remarquable. Je le surnommais « le don Juan ». Lors de la première affaire dans laquelle je l'ai assisté, un trafic de stupéfiants, la juge d'instruction m'a demandé qui était sa petite amie. Question pour le moins incongrue. Devant mon expression de surprise, la magistrate m'a alors expliqué que cinq jeunes femmes avaient déposé des permis de visite pour venir le voir en détention, chacune d'elles s'étant présentée comme sa petite amie !

Je n'ai pas su quoi lui répondre, hormis que c'était certainement un homme à femmes !

Ensuite, mon client m'a confié qu'en effet il voulait bien voir les cinq jeunes femmes, mais qu'il faudrait faire en sorte que chacune ignore l'existence des autres ! En plus de gérer sa défense, j'ai donc dû gérer l'agenda de visite des petites amies !

Je l'ai assisté dans plusieurs affaires, après quoi j'ai reçu un jour un coup de fil de sa mère m'informant qu'on avait retrouvé son corps criblé de balles en République dominicaine. Il laissait derrière lui plusieurs enfants. De mères différentes.

Je pense aussi à un autre de mes clients, un molosse physiquement très impressionnant, qui avait un temps été videur de boîtes de nuit. Alors que je le défendais, sa mère, atteinte d'un cancer, m'a appelée pour me dire que son plus jeune fils, âgé de vingt ans, venait d'être abattu devant le domicile familial. On l'aurait tué pour faire passer un « message » à mon client. C'était terrible. Le crime n'a jamais été élucidé. Quelques années plus tard, ça a été son tour de se faire assassiner alors qu'il était à bord d'une voiture de luxe.

La liste est longue, mais je voudrais aussi évoquer D. M., un homme que je n'ai pas défendu, mais qui m'avait prise en sympathie. Il était ce qu'on appelle « un vieux de la vieille ». Je l'avais rencontré en 2006, dans le cadre du procès du braquage dit « de la Porte de Gentilly ». Je défendais un de ses coaccusés. C'était mon premier gros procès d'assises. Après ce procès, il m'a envoyé des clients et a toujours suivi mon travail. Un jour, ayant appris que j'étais démoralisée à la suite d'un mauvais verdict, il m'a envoyé un mot : « Maître, vous n'êtes pas magicienne.

Continuez à défendre vos clients comme vous le faites, après, le reste ne dépend plus de vous. On est des grands garçons, on sait ce qu'on a fait ou pas fait, on veut juste des avocats qui nous défendent le mieux possible. » Lorsqu'il a été libéré de prison, il a voulu me voir. Nous n'avons pas eu le temps de nous rencontrer. Un jour, en allant au tribunal de Nanterre, j'ai appris sa mort par la radio. Encore une fusillade. Il avait replongé.

Le monde de ces gens est décidément difficile à comprendre. Comment peut-on décider, voire accepter, de vivre avec un risque de mort permanent ? C'est une question qu'il est délicat d'aborder avec eux. Mais je ne peux pas la négliger. Je reste humaine. Apprendre la mort de quelqu'un que l'on a connu est toujours difficile. Cela l'est encore davantage lorsqu'on voit quelqu'un courir vers la mort en toute connaissance de cause et que l'on ne peut rien faire pour changer le cours des choses.

LORSQUE JE PASSE LES PORTES DE LA PRISON

Un jour, j'ai subi un véritable choc lors d'une visite en prison. Cette fois-là, allez savoir pourquoi, je me suis mise à étouffer. Il faisait très beau, trop beau, même, je crevais de chaud, je me disais : « Bon sang, mais qu'est-ce que je fais là… ? », je sentais qu'il fallait que je sorte au plus vite, j'avais besoin d'air.

Depuis ce jour, je ne supporte plus d'aller faire mes visites en prison, vraiment, j'ai de plus en plus de mal. C'est une chose que les clients ont des difficultés à comprendre et que je me dois de leur expliquer. Je leur dis la vérité : que je m'occupe d'abord et avant tout des audiences, que cela me prend énormément de temps et que ce sont mes collaborateurs qui effectuent les visites.

Certains, fatalement, se posent des questions.

Une avocate qui rechigne à mettre les pieds en prison ?

C'est quoi, cette histoire ?

Aux États-Unis, j'ai visité deux fois Alcatraz, à vingt ans d'écart. La première fois, je devais avoir trois mois de barreau derrière moi, j'étais jeune, tout feu, tout flamme, je venais de voir *L'Évadé d'Alcatraz* avec Clint Eastwood, bref, je vibrais de l'exaltation des débuts. Tout s'est très bien passé. J'y suis retournée l'été dernier avec mes enfants : cette fois, je n'ai même pas pu entrer dans les cellules. Un blocage, un vrai. Pourtant, je trouvais ça très important, de revenir sur ces lieux avec mes enfants – Alcatraz, ça reste un endroit emblématique, historique, ils étaient enthousiastes… N'empêche que, quand ils m'ont dit : « Maman, viens, on va dans les cellules ! », eh bien, j'ai refusé : je ne supporte plus.

Il m'arrive encore de me rendre en prison, mais cela devient rare tant je me sens oppressée à cause de la sensation d'enfermement. Quand on me fait savoir que l'heure de parloir est écoulée, je me précipite pour sortir. Il faut dire que les parloirs sont vraiment infâmes, celui de Fresnes, par exemple : un local avec une fenêtre en hauteur, des murs gorgés d'humidité, une table de camping et deux chaises brinquebalantes... Voilà dans quelles conditions se passent nos entrevues avec nos clients.

J'admire vraiment les gens qui vont en prison sans y être obligés. Les jeunes étudiants, par exemple, qui y donnent des cours. Les retraités qui, plutôt que penser ciel bleu et pétanque, deviennent visiteurs de prison.

Quand j'étais plus jeune, j'étais idéaliste, extrêmement enthousiaste – je débutais, je croyais que tous mes clients étaient innocents. J'allais en prison pour les rencontrer, et d'abord pour apprendre à mieux les connaître. Cette partie de mon travail me plaisait. Il y avait ce côté neuf, presque sulfureux : c'était un monde nouveau pour moi, qui restait à découvrir.

Et puis, comme tout le monde, j'ai pris de l'âge, j'ai eu ma vie, et le contraste entre le dehors et le dedans a fini par être terriblement pesant.

Aujourd'hui, lorsque je passe les portes de la prison pour me retrouver à l'extérieur, j'ai l'impression de reprendre vie. On ne prend conscience de la valeur de la liberté que lorsqu'on en a été privé... Pour le commun des mortels, c'est en effet quelque chose d'absolument naturel : de la même façon qu'une personne en bonne santé ne se rappelle pas, à chaque instant, la chance immense qu'elle a de *ne pas* être malade. À l'extérieur, enfin, je respire !

Je peux dire qu'aujourd'hui je la ressens complètement, cette violence infligée aux détenus. Cette privation de liberté, d'extérieur, qui me fait suffoquer. Le décor uniforme, triste, gris, plombant est insupportable. Toute la journée, c'est la même ambiance terne. Il y a quand même eu une légère prise de conscience, on a peint des murs, on a mis de la couleur, c'est un peu mieux qu'avant, mais il ne faut pas se mentir : c'est un environnement effroyable et la première chose dont on a envie, quand on y entre, c'est ressortir aussitôt.

On ne parle plus guère de « prison » aujourd'hui : on préfère évoquer des maisons d'arrêt, des centres de détention, des centrales, comme si la notion d'enfermement pouvait être gommée (on est aussi passé des quartiers de haute sécurité aux quartiers d'isolement, sans que cela change la réalité des faits). Toujours, on tente de masquer cette réalité par de nouvelles appellations. Mais c'est exactement comme mettre un coup de peinture sur du gris pour cacher la misère.

Le temps passant, je me suis mise à réfléchir au sens de l'emprisonnement.

La prison de Fresnes, par exemple, dont j'ai déjà parlé, existe depuis plus d'un siècle... Quelle est l'utilité d'un lieu pareil ? Est-ce que ça marche, au moins, est-ce que ça remplit sa fonction ? Est-ce qu'en sortant, les détenus sont prêts à se réinsérer ?

Il faudrait d'abord décrire l'environnement psychologique. Et ce à quoi peut s'attendre en la matière un nouvel arrivant est souvent glaçant. La plupart des détenus sont en effet d'une grande pauvreté d'esprit. L'introspection ? Ils ne savent pas ce que c'est. Le repentir ? Non plus. Leurs critères sont souvent uniquement fondés sur la violence. D'où la réputation de la prison d'être une école du crime. On finit par y oublier la civilisation pour survivre et les fréquentations qu'on s'y fait ne sont que très rarement bénéfiques. Combien de personnes ai-je défendues qui ont préparé leur nouveau coup alors qu'elles étaient en prison, avec des gens rencontrés là-bas ?

Bien sûr, tous ne vivent pas l'enfermement de la même façon. Il y a peu de temps, j'ai défendu un garçon aux assises... Dans sa famille, on compte une bonne douzaine de personnes, dont la moitié sont en prison, et pas seulement les hommes. Pour ces gens, le bien et le mal sont des notions très relatives, assez floues. De même que la compassion, l'empathie ou le pardon. En revanche, les flingues, le vol, la violence, la cabane, tout cela fait partie de leur quotidien. Pour ce jeune homme, la peine n'aura rien à voir avec, par exemple, celle d'un détenu issu d'une certaine bourgeoisie, qui est condamné pour la première fois. Dans un cas, la case prison fait partie du CV. Dans l'autre, cela prend des dimensions dostoïevskiennes. C'est une véritable descente aux enfers.

Quel que soit le type de client, tous ont une chose en commun pour nous autres, avocats pénalistes, lorsqu'ils sont incarcérés : ils veulent sortir au plus vite. On les comprend, bien sûr. Le problème, c'est que, lorsqu'ils ne sortent pas, cela a rapidement tendance à devenir notre faute. Certains vont même jusqu'à oublier qu'ils ont commis des crimes. Ils s'autopersuadent, de bonne foi, qu'ils sont innocents et le dialogue, entre eux et nous, devient absurde.

Bien sûr, certains ont leur place là-bas : je ne suis pas en train de dire que les prisons ne devraient pas exister, que tout le monde devrait rester en liberté.

Cependant, si on n'y a jamais passé un certain temps, on ne peut pas vraiment comprendre ce que c'est.

Certes, les écrivains évoquent la prison, les cinéastes aussi, mais on finit par appréhender le lieu à travers le filtre de leurs fictions et, en définitive, on a une perception plus ou moins biaisée de l'expérience. Parce que la représentation, c'est une chose, mais rester enfermé vingt-quatre heures sur vingt-quatre, c'en est une autre.

Et puis, surtout, qu'apprend-on, en prison ? À trouver un boulot ? Peut-elle tenir lieu de formation ? Peut-elle remplacer l'école ? Là encore, cela ne laisse pas de me surprendre. Je veux bien comprendre qu'une peine de prison soit une sanction, mais pour ceux qui sont présumés innocents, c'est un problème. Il ne s'agit pas de se montrer candide et d'envisager la prison comme un club de vacances, mais on pourrait s'attendre à lui trouver quelques vertus pédagogiques. Or on ne dispose pas d'assez d'effectifs pour assurer l'école. Résultat ? Les détenus sont comme en salle d'attente. Et quand il y a des activités, cela est souvent assez surprenant. J'ai par exemple défendu un jeune majeur illettré qui, pendant ses huit mois de détention, n'a eu droit qu'à une seule activité : le billard indien. Je me demande encore à quoi cela a pu lui servir.

Quand il ne se passe rien, on se demande ce qu'on peut bien faire. On peut lire, par exemple. Mais quand on sait que l'on va rester au même endroit dix ou quinze ans, quelle est l'urgence ? La notion du temps est considérablement modifiée. J'ai noté, à ce propos, une chose assez perturbante, qui concerne surtout les détenus incarcérés depuis de nombreuses années : ils parlent de moins en moins vite. Moi, j'ai un débit assez rapide. Eux s'expriment avec une lenteur à laquelle on n'est pas habitué quand on vit dehors.

Il faut bien prendre conscience que ces gens n'ont personne à qui parler. Ceux qui sont à l'isolement, en particulier : seuls en cellule, ils ne voient jamais qui que ce soit… À la limite, ils peuvent entendre le type de la cellule d'à côté gigoter ou crier, mais ils ne le voient pas. Fatalement, leur perception des choses s'en trouve affectée. Ils ne parlent pas seulement moins vite : ils font *tout* moins vite.

J'ai eu un client signalé comme appartenant au grand banditisme et venant de la banlieue sud. Il avait passé de nombreuses années en quartier d'isolement. Il m'a raconté que, lorsqu'il avait rejoint un quartier « normal » de la prison, il s'arrêtait tous les vingt pas durant la promenade quotidienne. Parce qu'en isolement les vingt pas, c'était le maximum qu'on lui permettait de faire. Son corps était resté bloqué.

Il y a les odeurs, aussi : ça, c'est quelque chose qui m'a beaucoup frappée. Il se trouve que j'y suis particulièrement sensible, j'adore les parfums, les fleurs, j'ai un odorat très développé. Or les odeurs sont presque inexistantes en prison. Certes, ceux qui sortent de la salle de sport sentent la transpiration. Mais à part ça, rien. Les détenus ne portent pas de parfum. Et c'est vrai que, marquée comme je le suis par la prison, j'ai tendance à parfumer mon cabinet pour oublier l'enfermement, sentir encore des odeurs.

Une autre question cruciale, rarement abordée, est celle de la sexualité. J'ignore comment ça se passe avec mes confrères masculins, mais le fait est que les hommes ne me parlent jamais de leur vie sexuelle, jamais. Un jour, un détenu que je défendais m'apprend que sa femme vient d'accoucher. Je m'étonne : « Monsieur, je ne comprends pas trop : votre femme vient de mettre un enfant au monde, mais vous, ça fait dix mois que vous êtes en prison. » Et là, il m'explique qu'ils ont conçu un bébé au parloir. Qu'est-ce que je pouvais dire ? Récemment, des UVF, des « unités de vie familiale », ont été construites – de petits appartements qui permettent aux détenus de passer un peu de temps avec leurs proches à l'intérieur même des prisons. Concrètement, ce sont des cabines alignées, séparées seulement par un petit muret, et il y a une porte vitrée des deux côtés avec un surveillant qui passe. On peut se poser des questions... Là, en l'occurrence, le détenu avait déjà un enfant. Pourquoi en faire un deuxième dans des conditions pareilles ? S'agissait-il d'un besoin viscéral, d'un simple désir sexuel qui demandait à être assouvi et qui l'a été sans qu'aucune précaution soit prise ? L'affaire était, disons, assez obscure.

Moi qui défends plutôt des voyous, j'ai accès à quelques dossiers embarrassants. Des écoutes téléphoniques assez spéciales, par exemple : un homme qui consultait des sites gays alors qu'il n'était pas homosexuel et un autre qui se branchait sur des sites de travestis... En l'occurrence, ça n'avait rien à voir avec l'affaire pour laquelle ils étaient là, un braquage, mais la police avait quand même jugé bon de retranscrire ces faits. Ce qui les a placés dans des situations extrêmement inconfortables. Quand ils ont su que j'étais au courant par les écoutes, j'ai senti la panique les gagner. L'un d'eux m'a suppliée : « Il ne faut surtout pas que ça se sache ! » Il va sans dire que je suis tenue au secret. Cet homme, peut-être qu'il était effectivement gay, peut-être qu'il avait eu une seule et unique expérience, peu importe, mais, dans ce milieu, c'est une chose très difficile à assumer. D'autant plus qu'il avait une femme, des enfants. Jugé aux assises, il faisait une fixation sur ce point particulier et ne cessait de me répéter que ça allait « se savoir ». Je n'ai pu que confirmer. En effet, tous ceux qui sont concernés par un dossier finissent par y avoir accès, et donc si quelqu'un est malintentionné, il ne va pas se gêner pour briser l'omerta et en parler aux copains, à la famille. Personnellement, je ne tiens pas du tout à recueillir ce genre de confidences. J'ai un dossier à travailler, je dis à mes clients : « Ça tient » ou « Ça ne tient pas », ensuite, ils font ce qu'ils veulent de leur vie personnelle. Ça ne me regarde pas.

D'une façon générale, la question de la sexualité en prison est un sujet complexe. Les viols, par exemple, personne n'en parle. Mais tout le monde sait que cela existe.

Pour conclure, est-ce que l'on peut dire que ce système des prisons fonctionne ? C'est compliqué. En tout cas, une chose est sûre à mes yeux : il ne permet pas la réinsertion.

Je pense en particulier aux longues peines. Les grands criminels sont souvent tous parqués ensemble. Est-il bien normal que ces gens-là, finalement, se retrouvent entre eux ? Même s'ils ne sortent pas avant vingt ans, rien ne s'arrangera pendant qu'ils resteront là-bas, les uns avec les autres. Ne serait-il pas préférable de répartir ces gens dans des établissements différents ? Même chose pour tous ceux qui ont commis des actes terroristes.

L'administration pénitentiaire fait de son mieux, surtout avec les moyens du bord, je ne dis pas le contraire. Mais il faut bien reconnaître que les prisons françaises et les conditions de détention en France aujourd'hui en 2022 sont bien en dessous des standards européens. La surpopulation carcérale est encore un vrai sujet. Il y a trop de prisons où des détenus dorment par terre sur des matelas. D'autres où l'accès aux douches, aux cours de promenade, à la lumière est limité. Or la privation de liberté ne peut rimer avec l'absence de dignité. Traiter des hommes comme des bêtes est un signe de régression de la société.

Chaque fois qu'on plaide aux assises, on a tout ce contexte de la prison en arrière-plan. On connaît les conditions de détention et le sort qui est réservé à ceux que l'on est chargé de défendre. Et c'est souvent la meilleure des motivations.

CE N'EST PAS SUPPORTABLE

On distingue deux types de détenus : ceux qui ne sont pas encore jugés – on parle alors de détention provisoire – et ceux qui sont condamnés et purgent leur peine, les condamnés définitifs.

Leur régime carcéral est différent.

En tant qu'avocate, ceux à qui je rends visite le plus sont ceux qui sont incarcérés dans le cadre de la détention dite « provisoire ». Quel euphémisme ! Du provisoire qui se transforme souvent en années... Du provisoire prévu par le Code de procédure comme une exception (« La liberté est la règle, et la détention l'exception ») et qui devient... la règle, justement. Franchement, entre avocats, on finit par en rire, de ce principe, tellement c'est l'inverse de ce qu'on constate dans la pratique.

Je dis que la prison est un mal nécessaire.

Que des criminels soient incarcérés, qui irait le contester ?

Mais recourir systématiquement à la détention provisoire, qui plus est dans les conditions indignes accordées par la France, ce n'est pas supportable.

J'ai le souvenir d'un jeune étudiant impliqué dans un trafic de cannabis dans son lycée, qui s'est retrouvé, pour la première fois de sa vie, incarcéré à la maison d'arrêt de Bois-d'Arcy. Cette détention était-elle justifiée ? Non, on aurait pu l'obliger à porter un bracelet, à quitter le département – l'instruction aurait pu suivre son cours. Au bout d'un mois, le juge a accepté de le libérer. Mais pour moi, c'était déjà trop long : il était traumatisé.

Et que dire de ceux qui sont placés en détention provisoire avant, finalement, de bénéficier d'un non-lieu, d'une relaxe, d'un acquittement ? Certes, ils seront indemnisés. Seulement, peu importent les montants alloués : rien ne leur permettra d'effacer ce traumatisme de leur esprit.

Quant à ceux qui se suicident en détention, j'ai eu la chance, si je puis dire, de ne jamais en avoir eu parmi mes clients. Il n'en reste pas moins que cette réalité interroge.

Car ne l'oublions pas : tant qu'un individu n'est pas jugé définitivement, il est présumé innocent.

Dès lors, pourquoi placer un mis en examen en détention provisoire ? Les motifs existent, ils sont prévus par le Code de procédure pénale : éviter la concertation frauduleuse entre plusieurs mis en examen, empêcher la pression sur les victimes ou les témoins, etc.

Certains juges, toutefois, demandent des incarcérations alors que les motifs font défaut. Par exemple, aucun témoin n'est mentionné et pourtant la case « pression sur le témoin » est cochée.

Au tribunal de Créteil, j'ai été confrontée à une situation ubuesque. Un proxénète avait été incarcéré. Le juge délivrait des permis de visite aux femmes prostituées supposées travailler pour lui, mais lui refusait, à lui, la liberté, prétextant qu'il voulait éviter des pressions sur les victimes prostituées. Lorsque je lui ai fait remarquer qu'il avait délivré des permis afin qu'elles viennent toutes le voir en prison, il m'a répondu qu'il avait omis ce détail...

Je trouve que le recours systématique à la détention provisoire ne respecte pas l'esprit de la loi. Les personnes reconnues coupables doivent, dans le cas où aucune alternative n'existe, être incarcérées pour exécuter leur peine. En revanche, celles qui n'ont pas été jugées, qui font l'objet d'une instruction, ne devraient pas avoir à subir ce régime. Leur incarcération, la plupart du temps, se révèle injustifiée ou bien trop longue.

Il existe pourtant des alternatives, comme la caution. Elle est indiquée dans le Code de procédure pénale, mais on l'utilise rarement. Il s'agit pour le juge de remettre une personne en liberté, dans l'attente du jugement, en contrepartie du paiement d'une somme d'argent versée sur un compte à la Caisse des dépôts et consignations. Cette caution est une assurance que le prévenu se présente à l'audience. Ensuite, s'il est reconnu coupable avec des dommages et intérêts à payer, ces derniers seront prélevés sur sa caution, ce qui est une bonne garantie pour la victime d'être indemnisée. Et s'il n'est pas reconnu coupable, il peut récupérer sa caution.

Quand j'ai commencé à exercer, c'était le juge d'instruction qui décidait ou non le placement en détention provisoire. Puis, au vu du nombre important – pour ne pas dire excessif – de recours à la détention provisoire, le législateur a créé le juge des libertés et de la détention. Dans la pratique, ce magistrat est surnommé « juge de la détention ». Bien sûr, quelques mises en liberté sont ordonnées, mais elles restent peu nombreuses et les détentions provisoires ne cessent d'augmenter.

Il est certes facile de critiquer, mais je pense que si les juges allaient au moins une fois par an – et de manière obligatoire – visiter les prisons afin de mieux appréhender la situation réelle et non pas la situation telle qu'ils se l'imaginent, les mentalités évolueraient. Les magistrats peuvent se rendre dans les prisons quand ils veulent. Dans la pratique, rares sont ceux qui y vont. Lorsqu'ils sont en formation, ils y effectuent un stage, mais une fois en poste, certains, pour les trente ans à venir, n'y mettront plus jamais les pieds. Or, en trois décennies, bien des choses peuvent changer.

Être enfermé à trois dans une cellule de 9 mètres carrés. Ne pouvoir sortir qu'une à deux heures par jour. Vivre dans une grande promiscuité, parmi les puces et les rats. Ne pouvoir bénéficier d'aucun moment de solitude… Autant de problèmes qui devraient interpeller.

Nous ne subissons pas cela dans notre chair, mais nous rencontrons les détenus. Ils ont pour beaucoup des marques visibles et définitives de cette détention provisoire. Qui, souvent, n'aura servi à rien.

Le décalage est frappant entre ce qui peut être dit dans certains médias à propos de la justice qui serait laxiste et la réalité du terrain.

La justice n'est pas laxiste.

Les juges, contrairement à ce que l'on peut entendre, en particulier lors des périodes pré-électorales, ne sont pas laxistes.

Les juges ont pleinement conscience de leurs responsabilités. À force de se voir critiqués par des individus qui ne connaissent pas le droit, j'ai l'impression que remettre en liberté une personne présumée innocente est devenu une charge trop lourde et qu'ils renoncent à l'application des critères de la loi de peur de faire des erreurs.

LES COLLATÉRAUX

Grandir avec un parent assassiné.
Grandir avec un parent détenu.
Deux destinées.

Deux genres de victimes.

Des victimes collatérales qu'on oublie souvent.

Elles ont cela en commun de n'avoir rien demandé.

Certaines seront présentes à l'audience, d'autres non.

Je pense souvent à eux, à elles, à toutes ces familles détruites par un « fait divers ». Quand je prends le métro, je me demande combien, dans la rame, ont été frappés par un tel drame.

Combien ont vu leur nom de famille étalé à la Une des médias, avec toutes les conséquences que cela génère ?

J'en croise beaucoup, sans le savoir, de ces victimes, j'en croise certaines lors des audiences criminelles, je garde en moi leur souvenir et j'imagine à quel point il doit être difficile de se reconstruire avec un père ou une mère qui ne reviendra pas, ou avec un père ou une mère derrière les barreaux.

Tous ces enfants dont les parents ont été tués.

Tous ces enfants dont les parents sont en prison et dont l'absence va marquer leur vie.

Sans compter les enfants dont l'un des parents a été tué par l'autre qui est en prison pour ce crime.

Pendant les procès, ces enfants sont souvent en retrait.

Je ne peux pourtant m'empêcher de penser à eux. Comment vont-ils grandir ?

Il y a ceux dont les parents sont des habitués de la prison, ils sont élevés avec ce risque.

Et il y a tous les autres.

Le mercredi, à l'heure du temps libre, c'est le moment du parloir. Combien de détenus m'ont raconté qu'à la fin les enfants s'accrochent à eux car ils veulent que papa rentre à la maison...

Combien d'autres m'ont expliqué qu'on ne dit pas aux enfants que papa est en prison mais qu'il est en déplacement, loin, pour le travail, et qu'il reviendra dès que possible...

Je ne sais pas s'il faut dire la vérité aux enfants les plus jeunes. Je ne sais pas à quel âge ils peuvent l'entendre.

Et il y a le regard des autres. À l'école, dans la cour de récréation de l'école primaire, à l'heure où on joue aux gentils et aux méchants, aux gendarmes et aux voleurs, est-ce facile de dire ou de comprendre que papa est en prison ?

Des mères m'ont confié qu'elles devaient en parler aux maîtresses, surtout lorsque survenaient des problèmes de violence ou de discipline.

Au collège et au lycée, les enfants de détenus ne peuvent plus mentir, ne peuvent plus rien cacher.

Souvent, les détenus préfèrent ne pas parler de leurs enfants. Ils ne disent rien. Ils gèrent, sans verbaliser.

Je me souviens d'un détenu condamné pour assassinat qui avait décidé de convoquer un de ses fils, qui lui aussi commençait à très mal tourner. Il l'avait obligé à venir chaque semaine au parloir pour lui faire la morale, pour l'inciter à ne pas agir comme lui. Cela n'a pas marché, le fils a lui aussi fini par être incarcéré.

Y a-t-il un déterminisme ? Je ne sais pas et je ne veux pas le croire car, sinon, cela voudrait dire qu'on ne peut pas changer. Et cela, je ne peux ni ne veux m'y résoudre.

Je crois en l'homme. Je crois en une seconde chance.

J'ai heureusement vu des enfants grandir et s'en sortir, souvent grâce à des femmes, des mères d'une force de caractère incroyable qui ont su tout gérer, de l'école aux parloirs.

La prison engendre de très nombreuses conséquences au-delà du judiciaire, dont finalement on parle peu.

Je pense aussi aux parents des détenus. Parmi ces derniers, certains refusent qu'ils viennent les voir parce que « c'est la honte ».

J'ai vécu des situations très différentes auprès de ces parents. Mais souvent, ceux-ci se sentent coupables et se posent mille questions.

Il y a aussi ceux qui devraient se sentir coupables d'avoir abandonné leurs enfants, de ne pas les avoir protégés. Parfois, on se dit que ce sont eux qui devraient être derrière les barreaux.

Je pense à deux cas bien précis, deux mères dont les fils ont été condamnés pour assassinat, deux mères célibataires qui avaient des relations fusionnelles avec leur fils, à qui elles passaient tout, à qui elles avaient toujours menti sur l'identité de leur père. Les fils, âgés d'à peine vingt ans, étaient certes responsables, mais on ne peut s'empêcher de se demander comment ils en étaient arrivés là. À leur âge, étaient-ils vraiment les seuls responsables ?

Il n'est certes jamais simple d'être une mère célibataire, mais toutes les mères dans cette situation ne se retrouvent pas nécessairement avec des enfants en prison.

Il y a aussi cette autre mère au comportement choquant, dont la fille avait été assassinée. Le dossier a démontré qu'elle était jalouse de sa propre fille, à qui elle reprochait, lorsqu'elle était adolescente, de lui faire de l'ombre. Celle-ci a fini par fuguer, par être placée dans une famille d'accueil. Alors que je défendais l'assassin, le petit ami qui n'avait que dix-huit ans, la directrice d'enquête qui était venue témoigner à l'audience a voulu me parler. Nous avions sensiblement le même âge. Ce qu'elle m'a raconté m'a terrifiée. Elle avait elle-même un fils et elle m'a dit : « Maître, dans ce métier, le plus difficile, c'est d'annoncer aux parents la mort d'un enfant. Cette fois, lorsque j'ai annoncé la mort de sa fille à sa mère, sa réaction immédiate, et sa seule réaction, a été de me demander si elle passerait à la télévision. » C'était une histoire atroce, car les deux jeunes avaient de nombreux points communs : un père absent, un autre qui avait abandonné son rôle à une mère qui l'avait exclu – deux adolescents livrés à eux-mêmes. L'une des mères entretenait une relation fusionnelle avec son fils, l'autre se montrait d'une jalousie maladive envers sa fille.

Ils s'étaient trouvés pour le pire.

Les parents, dans ce cas-là, étaient-ils des victimes collatérales ou des coupables collatéraux ? Je ne sais pas.

LAISSER TOMBER ?

Avocat, ce n'est pas un métier. Pour moi, c'est une vocation. Aussi prenante qu'un amant ou qu'une maîtresse. Je passe moins de temps avec ma famille qu'à courir les tribunaux, les cours, les prisons.

Lorsque j'étais plus jeune, j'ai idéalisé cette profession. Je pensais à tort que j'allais gagner des causes perdues, changer le cours des choses. Sur le terrain, la réalité s'est avérée tout autre.

J'ai beau me dire et savoir que j'ai choisi d'être avocate pénaliste, il n'empêche que c'est véritablement un métier rude, violent, désarmant.

À tel point que je me suis parfois dit que c'était trop, que j'allais tout arrêter.

Laisser tomber.

Cela arrive quand on n'en peut plus ou qu'on estime avoir été victime d'une injustice.

J'ai connu cela en 2008, à l'occasion de l'affaire dite « de l'évasion d'Antonio Ferrara ».

Je défendais un des accusés pour complicité, qui était incarcéré pour deux affaires dont celle de l'évasion. On avait affaire à une Cour d'assises – avec un jury, donc. La Cour d'assises requiert une attention de tous les instants. La vie de famille est ébranlée. Un procès en assises, on le prépare avant, on est concentré dessus à cent pour cent, on en fait même des cauchemars. Puis, quand les choses commencent, c'est du vingt-quatre heures sur vingt-quatre. On est dans une espèce de bulle, plus rien d'autre n'existe. Tous les procès d'assises ne suscitent pas la même tension. Celui-ci est certainement l'un des plus difficiles que j'ai eu à affronter : interminable, émaillé d'incidents multiples, et je défendais seule mon client. Dans la mesure du possible, c'est toujours mieux de défendre à deux. J'aime mieux partager un acquittement que le savourer seule, de même que j'aime mieux partager une condamnation que la supporter seule.

Le procès a duré plus de cinq semaines, le délibéré lui-même a pris trois jours, on sentait qu'il y avait de grosses tensions. J'avais plaidé aussi bien que j'avais pu, vraiment au mieux, j'avais fait tout ce que j'estimais possible.

Le parquet avait requis cinq ans contre mon client, le verdict est tombé à 4 heures du matin : huit ans ferme.

Là, ça a été une sensation atroce.

Celle de l'échec total.

Cinq ans requis, vous en prenez huit, difficile d'imaginer pire.

C'est forcément que l'on s'est planté. Et quand on a mis toutes ses forces dans la bataille, c'est que celles-ci ne sont pas suffisantes. Qu'on n'est vraiment pas fait pour ça.

La nuit a été courte, mais effroyable.

Le lendemain, j'étais à Fresnes à 8 heures, dès l'ouverture de la prison. J'ai dit à mon client : « Voilà, j'ai donné tout ce que je pouvais, mais il faut dire ce qui est, le résultat est là, et il est catastrophique. Je n'ai pas d'autres mots. Il faut immédiatement faire appel. Prenez un autre avocat, quelqu'un qui aura un autre regard sur l'affaire. Moi, j'ai fait tout ce que j'ai pu, j'ai échoué et je n'y arriverai pas. »

Le fait est que je pensais vraiment avoir fait le maximum sur ce dossier, avoir démontré un certain nombre de choses et, visiblement, j'étais passée complètement à côté. Alors, bien sûr, on pourra toujours arguer que ce n'était pas ma faute, que je n'avais pas eu de chance – ça arrive parfois. Mais je ne voyais absolument pas les choses ainsi.

Je n'avais pas du tout l'impression d'avoir livré une plaidoirie catastrophique. Et si le verdict me paraissait absurde, impensable, il était néanmoins bel et bien là. Même si je ne comprenais pas ce qui s'était passé, même si j'avais ma fierté, j'étais la seule responsable.

À cause de moi, et de moi seule, mon client restait derrière les barreaux.

C'était lourd à supporter, trop lourd.

On était au moment à Noël, et je n'arrêtais pas de pleurer. J'ai alors pris la décision de ne plus jamais aller aux assises. Ce n'était pas pour moi. L'enjeu était trop important. J'étais incapable de l'assumer.

Et c'est finalement mon client qui m'a sortie de l'impasse.

C'est lui qui a insisté pour que je continue. Pour que je vienne avec lui en appel.

J'avais beau lui dire que non, que ce n'était plus pour moi, qu'il y avait des dizaines d'avocats bien meilleurs, rompus à ce genre d'exercice, que je ne pourrais pas aller plus loin, il a trouvé le seul argument imparable : « Si vous refusez de vous occuper de la suite, je ne fais pas appel ! »

Je lui donnais tous les arguments possibles, il restait inflexible.

Finalement, comme je me sentais responsable de ce qui lui arrivait, que c'était moi qui l'avais mis dans cette situation terrible, je n'ai pas pu refuser d'essayer de l'en sortir. Sinon j'aurais eu, d'une certaine manière, l'impression qu'il payait pour moi.

Je suis donc restée son avocate.

Le procès en appel devait avoir lieu deux ans plus tard. Pendant ces longs mois d'attente, je n'ai cessé de le pousser à faire des demandes de remise en liberté. Ce qu'il a fait. Toutes ont été rejetées. Chaque fois, la chambre de l'instruction de la Cour d'appel de Paris refusait.

Quelques jours avant le procès, j'ai insisté pour qu'il en fasse encore une. Il n'en voyait plus l'intérêt. Même si c'est en effet assez rare de lancer ce genre de procédure à ce moment-là d'une affaire, je tenais à tout faire pour qu'il se présente libre à l'audience en appel. Psychologiquement, cela me semblait important vis-à-vis du jury.

Mon client n'était pas en très bonne santé, il avait une famille solide et un travail qui l'attendaient à la sortie : nous avions donc de vrais arguments. Finalement, il s'est laissé convaincre de déposer une nouvelle demande, sans grand espoir.

Celle-ci a été évoquée dans les premiers jours du procès. Les jurés étaient présents, mais, aux termes du Code de procédure pénale, seuls les magistrats prennent la décision concernant la demande de remise en liberté.

Il était 10 heures du matin, j'ai plaidé en rappelant des principes essentiels : la présomption d'innocence, le délai raisonnable, le droit à un traitement équitable. J'ai rappelé qu'un autre accusé, avocat de profession, condamné lui aussi en première instance, avait ensuite été remis en liberté en attente de l'appel. Dès lors, il me semblait juste que mon client puisse bénéficier du même traitement, d'autant qu'il disposait de sérieuses garanties.

Serais-je suivie ? Je n'en avais pas la moindre idée. Mais je n'avais rien à perdre. Cette plaidoirie m'avait au moins permis de présenter mon client à la Cour et aux jurés. Une fois de plus, le parquet s'est opposé à ma demande. Après quoi, le président a levé l'audience en précisant que la décision serait rendue plus tard dans la journée. Il était midi, tout le monde est parti déjeuner.

J'ai filé vers cet endroit de l'ancien Palais de Justice qui n'existe plus aujourd'hui mais qu'à l'époque on appelait « la buvette », et j'y ai retrouvé quelques confrères pénalistes qui tout de suite m'ont félicitée. « Clarisse, personnellement, vous m'avez convaincu. Moi, je le remettrais en liberté. » Je souriais poliment. « Vous avez marqué des points, vous avez été culottée ! » Bon. Naturellement, ça me faisait plaisir, mais ça ne changeait pas grand-chose. Je ne croyais pas possible cette remise en liberté en plein procès, mais je me disais qu'au moins je n'avais pas perdu mon temps, j'avais commencé à affûter mes arguments pour la suite, j'étais prête à affronter le jury.

L'après-midi, après quelques dépositions, le président a enfin rendu sa décision. Il a commencé à lire : « Attendu qu'il existe des garanties de représentation, attendu que... » [illegible] mécanique du discours est infernale, on a toujours droit à ces « Attendu que... » qui précèdent la décision finale. En général, ils sont suivis d'un « Mais, d'autre part, attendu que... » qui tombe comme un couperet sur nos espoirs et nos illusions. Je m'y préparais donc, avec mon petit carnet et mon stylo en main... il n'est jamais venu ! La Cour a, en effet, ordonné sa remise en liberté !

Les autres accusés détenus dans le box à côté de mon client souriaient, mais ni lui ni moi ne comprenions vraiment ce qui venait de se passer. Je n'en croyais pas mes oreilles. Mes confrères avaient beau venir vers moi, tout sourire, je restais hébétée, mon stylo à la main. C'était vraiment ce qu'on appelle un virage à cent quatre-vingt degrés.

J'ai tout de suite prévenu la femme de mon client, qui, elle non plus, n'y croyait pas. « Maître, c'est une plaisanterie ? » Je riais presque. « Non, non, je vous assure. »

Cela faisait sept ans que mon client était en prison et soudain on venait lui dire : « Vous sortez ce soir. » C'était presque brutal ! Lui était totalement abasourdi. Lorsque vous déposez des demandes d'aménagement de peine, vous savez que vous allez peut-être sortir, vous avez le temps de vous y préparer psychologiquement (car le délibéré n'est pas rendu le jour même d'une part et la décision, dans le cas où elle favorable, n'est pas exécutée le jour même d'autre part). Mais là, il n'avait plus aucun espoir... et le soir même il était chez lui.

Le lendemain, le procès s'est engagé. Mon client est arrivé libre. Ce qui, vis-à-vis d'un jury, change pas mal de choses. Au final, il a quand même été condamné à cinq ans, mais non plus à huit, comme la première fois, et comme il avait déjà effectué la peine, il n'est pas retourné en prison.

Évidemment, il n'est pas question d'innocence ici, mais j'en profite pour rappeler combien trop souvent en France la détention provisoire est utilisée comme un préjugement. Bien sûr, la Cour aurait pu prononcer une peine aux termes de laquelle mon client serait retourné en prison. Cela n'a pas été le cas, mais quoi qu'il en soit, mon client, qui savait ce qu'il risquait, est venu tous les jours à l'audience. Non pas escorté, mais libre de ses actes et de ses gestes.

Je me souviendrai toute ma vie de ce passage d'un moment de découragement absolu («C'est bon, je raccroche la robe d'avocat») à la décision libératrice, totalement inespérée.

Souvent, les clients sont ingrats envers leurs avocats. C'est un sentiment que je partage avec nombre de mes confrères. S'ils sont condamnés lourdement, ils pensent que c'est notre faute, et s'ils ne le sont pas, c'est normal : c'est qu'ils ne devaient pas l'être. Nous sommes pourtant tenus à une obligation de moyens, et pas de résultat. Aussi, je n'oublierai jamais la confiance que m'a témoignée ce client-là qui, en quelque sorte, m'a prise en otage, refusant de faire appel si je n'étais pas à ses côtés.

Sans lui, il est clair que je ne plaiderais plus aux assises aujourd'hui.

Et plus de dix ans après, lui et moi sommes toujours en contact.

© Benoît Peyrucq

Y AURA-T-IL UN TAXI À L'ARRIVÉE ?

Je côtoie tous les jours l'ennui. Lorsque je vois des gens qui sont emprisonnés, qui sont confrontés au désœuvrement quasiment vingt-quatre heures sur vingt-quatre, je comprends que c'est épouvantablement difficile à vivre. Je le comprends d'autant plus que je ne supporte pas l'ennui. Pour moi, c'est un fléau mortel.

Je suis de nature impatiente, je n'aime pas perdre mon temps, j'ai en effet toujours besoin qu'il se passe quelque chose. Je peux faire cinq tâches à la fois, à tel point que cela rend fous mes collaborateurs, à qui il m'arrive d'envoyer des mails au milieu de la nuit. Je suis fréquemment en surchauffe, la machine ne s'arrête jamais. Quand j'ai des idées, il faut que ça sorte. On me demande souvent : « Mais vous dormez quand ? » Je dors, pourtant, mais il faut que je remplisse chaque minute, sinon j'ai l'impression de gâcher mon temps.

Certains arrivent à goûter l'ennui, ils le vivent de façon contemplative, ce n'est pas du tout ma façon de fonctionner. Je ne perçois pas la dimension féconde de l'ennui.

C'est aussi ce qui me plaît dans le métier de pénaliste. L'ennui n'y existe pas. Il n'y a pas de pause. Pas de temps mort.

Ce métier ne connaît pas d'arrêt, pas de week-end, pas de vacances, pas de jour, pas de nuit. Pas de coupure.

Défendre, j'y pense tout le temps.

Défendre, c'est avoir l'honneur de recevoir la confiance de quelqu'un, qu'il soit victime ou accusé. Ce n'est pas un poncif que de parler d'honneur. Car oui, cela en est un. Étant donné le nombre d'avocats qu'il y a en France, qu'on me choisisse est toujours pour moi un privilège, une reconnaissance de mon travail.

J'ai échoué au troisième tour de la Conférence du stage, le concours d'éloquence de Paris, ce ne sont donc pas mes pairs qui m'ont repérée, mais mes clients. Ce sont eux qui m'ont sortie du lot et qui m'ont fait connaître. Le bouche-à-oreille. Et c'est une chose dont je tire une grande fierté. Mais c'est aussi une lourde tâche qui m'engage et que je ne prends pas à la légère.

Ainsi, je passe l'essentiel de mon temps et de mes journées à me préparer à plaider. Je ne suis jamais satisfaite, j'essaie toujours d'améliorer ma plaidoirie, de lire et de relire le week-end les dossiers préparés par mes collaborateurs. À côté, et en même temps, il y a tout le reste à gérer : les rendez-vous, les gardes à vue, les visites en maison d'arrêt, les auditions, les interrogatoires chez les juges d'instruction, les reconstitutions criminelles, etc. Bref, le quotidien d'un avocat.

Les semaines ne se ressemblent pas. Elles commencent pourtant invariablement par un premier emploi du temps, puis celui-ci varie au gré des jours, en fonction des interpellations, des gardes à vue, des déferrements et des audiences. Je ne suis que rarement à mon cabinet de Bobigny, pas plus d'un jour ou deux par semaine. Le reste du temps, je plaide en région parisienne, à Paris, en province. Je suis sans cesse sur les routes, comme un VRP, et j'aime ça.

Il m'est arrivé, par exemple, il n'y a pas si longtemps, d'enchaîner en cinq semaines trois Cours d'assises. Un vrai marathon judiciaire que j'ai accepté pour savoir si j'en étais capable. La première semaine, j'étais à Versailles, une affaire pour actes de torture et de barbarie, j'ai fini le vendredi soir. Dès le lundi matin, j'étais à Bobigny pour une affaire de meurtre qui a duré la semaine, et le lundi suivant je reprenais à Paris pour trois semaines dans une affaire de trafic de stupéfiants renvoyée en Cour d'assises spécialement composée. Bien sûr, je suis allée jusqu'au bout et les résultats ont été inespérés, mais au-delà de l'aspect professionnel, c'est le genre de course dont on sort littéralement « rincé ». Pendant tout ce temps, on ne fait que penser assises, on mange assises, on dort assises ! Il faut être capable de suivre ce rythme, ce n'est pas évident pour tout le monde. Mais on peut aussi, comme moi, y trouver son adrénaline. Et être heureuse que cette course ininterrompue ne laisse jamais place à l'ennui.

Notre vie, c'est aussi les voyages en train, la découverte de la province. Je passe mon temps à jongler avec les horaires de la SNCF, et le sketch si drôle de Chevallier et Laspalès sur les correspondances est à peine une fiction pour moi. Y aura-t-il un taxi à l'arrivée de telle ou telle petite gare de province ? C'est une question récurrente chez le pénaliste.

En 2020, le confinement est encore venu bouleverser cet emploi du temps, déjà compliqué d'ordinaire. Après l'arrêt total des premiers mois, les voyages et les déplacements ont repris, non sans quelques accrocs. Je me suis ainsi retrouvée bloquée à Besançon, après une audience qui s'était terminée tard. La SNCF avait supprimé des trains à cause du virus. J'ai dû trouver au dernier moment un hôtel ouvert. Puis me lever à 4 heures du matin pour attraper le premier train afin de pouvoir plaider à Créteil en fin de matinée devant un juge des libertés et de la détention. La semaine suivante, je suis passée d'une reconstitution criminelle dans le 93, le lundi, à une affaire à Thonon-les-Bains, le mardi, avant de revenir le lendemain matin à Bobigny pour une reconstitution, puis de repartir fissa pour Draguignan – le train, puis deux heures de car – pour défendre un ressortissant chinois qui ne parlait pas notre langue. Ce genre de semaine n'est jamais simple à vivre ni à organiser.

Heureusement, ces déplacements donnent souvent lieu à de belles rencontres. Je pense par exemple à Nancy ; nous étions plusieurs avocats à venir de l'extérieur et nous avons été accueillis avec beaucoup de chaleur par nos confrères de la région. Pendant les trois semaines d'audience, nous avons formé une équipe de défense très soudée. Et nous sommes restés en contact. Ce sont tous des confrères exceptionnels (Hélène Strohmann, Samira Boudiba, Alexandre Bouthier, Adrien Gabeaud, Raphaël Chiche, Keren Saffar, Frédéric Berna, Sarah Utard, Lee Takhedmit). Il faut dire que la présidente de Cour d'assises était soucieuse de la présomption d'innocence, respectueuse de la défense, et maîtrisait parfaitement le dossier et ses manques. Ce qui est suffisamment rare pour être noté.

Les semaines calmes, ce sont celles où je suis en région parisienne. Là, je peux enfin rentrer tous les soirs chez moi. Mais les emplois du temps ne sont pas tranquilles pour autant. Les audiences se terminent souvent tard, et il faut plaider le lendemain dès 9 heures – entre-temps, il faut encore que je relise mes dossiers pour aiguiser ma plaidoirie du matin, trouver la faille qui nous aurait échappé.

Bref, tous ceux qui sont tentés par ce métier d'avocat doivent savoir que le rythme est dingue, mais qu'il fait partie de l'ADN du pénaliste.

Et seule la passion de défendre, une passion chevillée au corps, permet de le supporter.

LE TEMPS DES BARBARES,
LE TEMPS DES AMAZONES

Je déteste les généralités.

Il y a des gens qui doivent être protégés, c'est une certitude irréfutable. Il n'empêche : les questions soulevées sur la justice et les femmes dans le sillage du mouvement MeToo sont parfois plus complexes qu'il n'y paraît.

Nous avons un devoir de vigilance. En tant que femme, je peux me placer, *a priori*, dans le camp des victimes, si un tel camp existe. Mais tout ce qui a été dénoncé à raison – les abus authentifiés, la loi du silence qui prévaut dans certains milieux – ne doit pas nous empêcher de réfléchir… Sinon les mentalités n'évolueront jamais.

La question qu'on devrait se poser, par exemple, dans le cadre des violences faites aux femmes, c'est pourquoi, lorsqu'un problème survient dans un couple, c'est l'homme qui frappe. Pourquoi pas la femme ? Ça, c'est une question qui m'intéresse parce que, évidemment, s'il y a des hommes violents qui doivent être condamnés, je pense aussi qu'il y a des femmes – j'ai déjà été confrontée à ce genre de dossiers – qui poussent des hommes à bout. Et qu'il existe plusieurs types de violences. Qu'on ne me fasse pas dire ce que je n'ai pas dit, le terrain est assez glissant comme ça, jamais je ne justifierais la violence physique, une femme frappée, ce n'est pas seulement intolérable, c'est surtout inacceptable. Mais parfois, les femmes prononcent des paroles particulièrement blessantes, chacun sera d'accord pour dire que certains mots sont plus violents qu'une gifle. Et à ces mots, l'homme, c'est son tort, ne sait parfois répondre que physiquement. Il y a dans ce phénomène une complexité qu'il nous revient de creuser, sans la simplifier de façon exagérée comme on le fait parfois, et toujours aux dépens des hommes qui, aujourd'hui, sur le plan pénal, arrivent le plus souvent en position d'infériorité.

Nous avons tous plaidé des dossiers où un homme qui a frappé sa femme est exclu du domicile familial, après quoi, la femme vient nous dire : « Je voudrais qu'il revienne. » Bien sûr, les magistrats ne sont pas dupes, en règle générale, cette volte-face a une explication financière : une source de revenus a été amputée, la femme en prend acte, pèse le pour et le contre, se dit qu'elle va essayer de « faire avec », ce qui est terrible. Mais parfois, ce n'est pas le cas. Parfois, les femmes en question travaillent, elles pourraient s'en sortir seules, il n'empêche qu'elles n'en ont pas envie. Amour du bourreau ? C'est un mécanisme délicat, souvent difficile à juger pour les magistrats. Rien n'est simple dans ce type de mécanisme.

En ce moment, la tendance, c'est que, dès qu'on est confronté à un dossier de violences faites à une femme et qu'un médecin constate les faits, une condamnation de l'homme s'ensuit – dans la majorité des cas. C'est presque un automatisme. La seule question qu'on ne se pose jamais durant ce processus rapide, et qui me semble importante, c'est : « Pourquoi cette femme a-t-elle été frappée ? » Je trouve très problématique d'en faire l'économie, de ne pas disséquer les tenants et les aboutissants particuliers à chaque affaire, leur singularité, au prétexte que « la violence physique ne peut être tolérée ». Ça, oui, c'est une évidence, on le sait, mais on ne peut pas s'en contenter. À moins de considérer que tous les hommes sont des brutes épaisses qui doivent être mises en prison au moindre doute. Ne vaudrait-il pas mieux s'interroger sur les conditions particulières dans lesquelles cette violence – insupportable, je le répète – surgit, et cela, dans l'espoir de l'éradiquer ?

Le problème de la violence verbale, c'est qu'elle ne laisse aucune trace visible. Prenons le cas d'une dispute entre un homme et une femme. La femme insulte l'homme. Elle profère des mots insupportables pour lui. Disons qu'il est fruste, qu'il n'est pas capable de répondre à son tour par d'autres mots, que fait-il ? Il flanque une gifle à la femme. Une violence est verbale, l'autre est physique, seule cette dernière peut être constatée *de visu* – une rougeur, une marque de doigts. Après quoi, la question de la gradation ne se pose plus. On tient pour acquis que c'est l'homme qui a été violent, pas la femme. Celle-ci est fondée à dire : « Regardez, il m'a frappée », l'homme va se défendre (« Oui, mais elle a dit ceci et cela »), la femme va nier. Et la plupart du temps, dans les scènes conjugales, il n'y a pas de témoin. Conclusion ? Le magistrat condamne. Peut-il faire autrement ? C'est difficile dès lors que – dans notre jargon – l'élément matériel est caractérisé par la constatation médicale.

Bien sûr, ce dont, à juste titre, tout le monde a peur, et le juge le premier, c'est qu'après une absence de condamnation la femme succombe sous les coups de son mari. Cela effraie à tel point que l'on préfère condamner sans se poser trop de questions, quitte à caricaturer la réalité, ne serait-ce que pour se mettre à l'abri de responsabilités futures. C'est une vision un peu étrange de la justice, mais elle existe.

Je pense ainsi à un client qui a été dévasté par une condamnation. Je n'étais pas là pour savoir ce qui s'était passé exactement entre lui et cette femme, mais celle-ci présentait quelques bleus. Le problème, c'est que les constatations ne correspondaient pas tout à fait à sa version à elle de l'affaire. Lui soutenait qu'il ne l'avait pas frappée, qu'elle était seulement « tombée »… Vrai ou pas, il a été condamné à six mois avec sursis, et ça l'a complètement mis à terre. Il a toujours maintenu que les choses ne s'étaient pas déroulées comme elle le prétendait, mais la condamnation est indélébile. L'ironie de l'histoire, c'est que cette femme n'est même pas venue témoigner à l'audience et qu'elle a ensuite cherché à revoir l'homme en contactant ses proches...

Je suis consciente que ces lignes peuvent surprendre, voire choquer certains, mais c'est seulement mon expérience qui parle. Dans nombre de dossiers que j'ai eu à traiter, les choses étaient souvent plus compliquées qu'on aurait pu le penser de prime abord. Et trop souvent simplifiées.

On peut ne pas comprendre qu'une femme défende des hommes accusés de violences envers les femmes.

Mais c'est pour moi la base de notre métier. Tout le monde a le droit d'être défendu.

Certes, il y a parfois des gens que je défends et que je n'aime pas, qui me sont même antipathiques, mais un avocat doit toujours dépasser ça.

Ce n'est pas parce que quelqu'un est antipathique ou insupportable qu'il est coupable.

Notre investissement ne peut pas être affecté par notre jugement ou nos impressions personnelles. Sinon il vaut mieux choisir un autre métier.

Faisons la comparaison avec un médecin. On ne laisse pas mourir quelqu'un sans intervenir parce qu'on ne l'aime pas ou parce qu'il est monstrueux.

Pour ces gens, souvent, nous sommes le dernier recours. Que l'affaire soit importante ou pas. Dans les cas les plus courants, quand nous défendons des clients qui passent en justice pour la première fois, ceux-ci sont effondrés. Nous avons le plus souvent face à nous des personnes bouleversées. Qu'il nous faut aider selon nos moyens.

Si le mouvement MeToo a permis la libération de la parole de la femme – ce qui, en soi, est une bonne chose –, il a aussi, malheureusement, eu cet excès inverse : celui de jeter des hommes innocents en pâture à la vindicte populaire. Je le constate chaque jour ou presque. Et cela m'inquiète.

Outre la problématique des violences physiques, il y a aussi celle des attouchements et des viols. Comment considérer qu'il y a eu un viol lorsque deux adultes passent la soirée ensemble, finissent dans la même chambre sans témoin et que le lendemain, ou des années après, une femme dépose plainte ? Ce n'est pas parce qu'une femme suit un homme qu'elle est nécessairement consentante, mais est-ce qu'un homme qui se retrouve dans la chambre d'une femme est autorisé à prétendre qu'elle l'est ?

La notion de consentement est infiniment complexe. En droit pénal, le viol est défini ainsi : « tout acte de pénétration sexuelle, de quelque nature qu'il soit, commis sur la personne d'autrui par violence, contrainte, menace ou surprise » (article 222-23 du Code pénal).

Dans les faits, les situations sont souvent embrouillées, compliquées, qu'il s'agisse d'un problème entre conjoints ou d'une rencontre d'un soir.

Que voulait la femme ? Que voulait l'homme ?

Dans certaines situations, les mécanismes de l'emprise sont clairement mis en évidence. Dans d'autres, moins. Par exemple, une femme prise de regrets au lendemain d'une soirée arrosée peut ensuite aller déposer plainte. Mais si elle était consentante au moment du rapport sexuel ? Le sort de l'homme est donc suspendu à l'existence ou non de regrets chez une femme.

J'ai défendu une fois un professeur qui s'était vu accuser de viol par l'une de ses étudiantes. Il s'est avéré qu'au moment des faits qu'on lui reprochait il ne pouvait pas les avoir commis car il donnait justement un cours devant une trentaine d'étudiants. Pourquoi cette jeune femme a-t-elle déposé plainte pour un viol imaginaire ? C'est l'une des problématiques que soulève ce type de dénonciation – et on la rencontre de plus en plus souvent. Que se serait-il passé si l'homme avait été avec elle dans une chambre plutôt que devant ses étudiants ?

Les policiers, les gendarmes, les magistrats, les avocats, tous peuvent constater chaque fois la difficulté d'appréhender si le consentement est réel.

J'ai également défendu un homme accusé de viol par sa femme avocate. Celle-ci refusait d'être examinée par des praticiens de l'unité médico-judiciaire. Les gendarmes eux-mêmes ont dû lui rappeler l'importance de cet acte. Elle ne voulait pas en entendre parler. Puis elle s'est ravisée, elle a renoncé à sa plainte pour viol et a décidé de la transformer en plainte pour agression sexuelle. Elle a expliqué qu'il y avait bien eu un rapport non consenti, mais comme l'homme était son mari et le père de ses enfants, elle ne voulait pas qu'il fasse de la prison. On a ensuite appris que les problèmes du couple étaient en partie liés à l'homme avec qui elle trompait son mari, et qui était policier. Finalement, mon client a été relaxé des faits d'agression sexuelle. Mais il est apparu à tout le monde que cette affaire s'apparentait véritablement, et comme de plus en plus souvent, à une instrumentalisation de la justice sur fond de problèmes conjugaux. Dans cette affaire, heureusement, le prévenu n'a pas été incarcéré et son cas n'a pas été rendu public, ce qui peut littéralement détruire quelqu'un ; il n'empêche qu'il a très mal vécu ces accusations.

Autre question brûlante, celle de l'imprescriptibilité. Beaucoup militent pour qu'une victime puisse dénoncer un crime à tout moment. Quarante ou cinquante ans après les faits, il serait donc possible de porter plainte contre un de ses ex pour abus sexuel. Est-ce bien sérieux ? Je ne veux, bien sûr, aucunement nier ces crimes, encore moins les laisser impunis, mais on peut s'interroger sur le motif légitime qui pousse une victime à se manifester ainsi des décennies après les faits. S'agit-il de se reconstruire ? Si c'est le cas, cette reconstruction passe-t-elle par la tenue d'un procès pénal ? Est-ce le bon endroit pour obtenir réparation ? On peut au moins se poser la question.

Aujourd'hui, il faut bien en avoir conscience, la présomption d'innocence est fréquemment bafouée. Heureusement, la justice exige encore des preuves, ce qui est la garantie de son bon fonctionnement. Il ne suffit pas d'accuser quelqu'un pour qu'il soit automatiquement condamné. Mais lorsque des actes de cette nature sont dénoncés publiquement, le mal est souvent fait. Et c'est bien là une des limites du mouvement MeToo, avec son mode d'expression qui passe généralement par les réseaux sociaux. Balancer à tout va, amplifier des faits souvent plus complexes qu'on ne le pense, tout cela peut s'avérer destructeur.

Alors, que faire ?

Bien sûr, prendre toutes les dispositions pour aider les femmes, leur permettre de quitter des maris violents, tenir ceux-ci éloignés, développer les dispositifs comme le Téléphone grave danger ou le bracelet électronique.

Mais aussi, en amont, éduquer les jeunes. Qu'ils sachent ce qu'est un consentement – ou une absence de consentement. Qu'ils intègrent qu'une femme a le droit de s'habiller comme elle veut, aujourd'hui en 2022, sans que cela soit perçu comme de la provocation. Et leur apprendre, aussi, à voir comment la réalité est déformée par les réseaux sociaux, qui propagent des « informations » sans même, la plupart du temps, les avoir vérifiées.

Souhaiter enfin que certains journalistes soient plus scrupuleux quand ils diffusent leurs informations. Le fameux droit d'informer n'autorise en aucun cas, là encore, à relayer des faits sans aucune vérification, sans la moindre certitude – c'est contraire à la déontologie du métier.

Dénoncer à tout prix, dénoncer sans nuance… Cette dictature est inquiétante, tant d'un point de vue judiciaire que d'un point de vue sociétal.

Des faits qui, auparavant, n'étaient pas judiciarisés le deviennent aujourd'hui – et de plus en plus. Le moindre effleurement est désormais susceptible de déboucher sur une plainte.

J'ai ainsi défendu des adolescents qui ont littéralement été détruits par des affaires qui, il y a cinq ans encore, ne seraient jamais arrivées jusqu'aux tribunaux. Je ne dis pas que cette judiciarisation est en soi mauvaise : je constate seulement que ce qui, auparavant, se « négociait » entre deux individus, que ce soit au cours d'une fête entre jeunes, d'une soirée un peu arrosée, dans le cadre d'un flirt, d'une relation intime, se conclut aujourd'hui trop souvent par une affaire pénale. Certes, il vaut mieux prévenir que guérir, mais à force de trop vouloir prévenir, on peut aussi briser des vies.

Sur un plan sociétal, je m'interroge : un homme peut-il encore siffler une femme dans la rue ? Ou est-ce une agression ? Et est-il utile de considérer que c'en est une ?

Tenter d'embrasser une femme, est-ce une agression ?

Un jeune homme peut-il, lors d'une nuit d'ivresse, embrasser une amie puis lui toucher les seins alors qu'elle s'est dévêtue, ou doit-il lui faire dorénavant signer une décharge de responsabilité ?

Dans le même ordre d'idées, j'ai plusieurs fois débattu avec des femmes qui voulaient que le terme « féminicide » soit inscrit dans le Code pénal. Je m'y suis toujours opposée, pour des raisons tant juridiques que de bon sens.

Celui qui tue sa femme doit être condamné.

Mais il tue sa femme et non pas « la » femme.

Dans le cadre de son aménagement de peine, j'ai assisté un homme qui avait été condamné pour le meurtre de sa femme. Il s'était remarié en prison avec une surveillante. Celle-ci m'a avoué que tout le monde lui posait la même question : « N'as-tu pas peur qu'il te tue, une fois libéré ? »

Celui qui tue sa femme n'est pas obligatoirement l'auteur d'un féminicide. Il ne l'a pas forcément tuée *parce que* c'était une femme.

Dans les affaires que j'ai pu suivre ou dont j'ai pu lire les comptes rendus, les hommes – ou les femmes, d'ailleurs – qui ont tué leur partenaire ou leur conjoint ont agi non en raison du sexe de ce dernier, mais à cause de leurs relations souvent conflictuelles. Je ne cherche pas dans ces propos à leur trouver une excuse – il n'y en a pas –, mais à dénoncer l'amalgame.

Je défends aussi des familles dont la mère a pu être tuée par le conjoint. Et justement, le Code pénal prévoit parfaitement cette circonstance aggravante, celle d'avoir tué alors qu'on était le conjoint.

Les médias, même les plus sérieux, annoncent aujourd'hui la mort d'une femme tuée par son conjoint en qualifiant le meurtre de féminicide, un terme qui n'existe pas dans le Code pénal. Pour moi, c'est purement et simplement une hérésie.

J'ai écrit un article à ce sujet avec Charles Evrard[1] : « Oui, avons-nous notamment souligné, il est incontestable que la lutte contre les violences faites aux femmes doit être très nettement renforcée. Pour autant, le droit n'a pas vocation à être l'otage d'associations vindicatives, s'arrogeant le monopole de la représentation de la souffrance légitime des femmes et l'instrumentalisant pour faire prospérer leurs revendications militantes. »

Certains mouvements féministes tendent ainsi à diaboliser les hommes et à instrumentaliser les médias : je m'en méfie.

« Le débat autour du féminicide, écrivions-nous encore, apparaît comme symptomatique d'une société qui se fragmente de plus en plus autour de la question du genre, des relations homme/femme, dans un contexte post #metoo et #balancetonporc désordonné mais libérateur. »

Dresser les hommes contre les femmes n'est pas pertinent. Le temps des barbares est passé, mais celui des amazones aussi.

---

1. Clarisse Serre et Charles Evrard, « Non, le féminicide ne doit pas être pénalement qualifié », 8 octobre 2019, dalloz-acualite.fr.

UN COUPLE INFERNAL

Avocats et magistrats. Nous nous sommes côtoyés sur les bancs des universités de droit, puis chacun a choisi sa route : l'école du barreau pour les premiers, celle de la magistrature pour les seconds. Nous passons ensuite notre temps à nous croiser, dans les couloirs des palais de justice ou dans les salles d'audience.

Unis par le droit, mais séparés par la justice ? On pourrait le penser tant nos relations sont compliquées. Et tant elles ont tendance à se dégrader.

D'un point de vue extérieur, on ne comprend pas toujours ce qui nous sépare. C'est en effet assez indicible. Les citoyens profanes pensent que les avocats plaident et que les juges écoutent et entendent en toute objectivité, simplement animés par le Code pénal et le Code de procédure pénale. Dans les faits, cela ne se passe pas vraiment de cette façon. Les juges sont aussi des femmes et des hommes, ils ne statuent pas seulement au regard du droit, leur propre sensibilité entre en jeu, tout cela aussi est subjectif.

Nous ne sommes jamais arrivés à obtenir de statistiques, mais tous les avocats savent parfaitement quelles sont les chambres où les magistrats ne prononcent jamais aucune nullité de procédure, n'accordent jamais la moindre liberté à un détenu même si sa relaxe ou son acquittement futur ne font presque aucun doute. Avec mes vingt-cinq ans d'expérience, je sais parfaitement aujourd'hui qu'il ne sert à rien de plaider devant certains magistrats, que toutes mes demandes seront systématiquement rejetées. Ont-ils peur d'être à l'origine d'une libération qui fera ensuite les choux gras de la presse ? Est-ce la crainte d'être mal notés et de ne pas avoir de promotion ?

Ne nous leurrons pas : il existe souvent une certaine méfiance entre nos deux métiers. Est-il besoin de rappeler qu'un président de chambre correctionnelle s'est permis récemment de dire à des détenus qu'ils seraient moins sévèrement condamnés s'ils assumaient leur défense seuls plutôt qu'avec un avocat ? Au moins aura-t-il parfaitement résumé le mépris qui règne souvent chez les magistrats envers notre profession. Comment en sommes-nous arrivés là ? Parce qu'on ne se parle plus ? Parce qu'on érige des palais de justice, tel celui de Paris, où rencontrer son juge est devenu compliqué, voire impossible ?

Quand j'ai débuté, l'accès aux juges était simple. Il n'y avait pas besoin de suivre toute une procédure comme aujourd'hui, procédure encore renforcée par la crise sanitaire qui a souvent bon dos. À Paris, par exemple, il y avait des galeries d'instruction dans l'ancien Palais de Justice sur l'île de la Cité. C'est là que nous consultions les dossiers, que nous prenions nos notes, et c'est là que, souvent, nous rencontrions les juges. Pour discuter, parler de tout et de rien, des dossiers en cours, de la vie, apprendre à se connaître. Et cela facilitait grandement les choses. Si, par exemple, un juge d'instruction recherchait un de nos clients, nous pouvions lui signifier, le cas échéant, que celui-ci acceptait de se rendre et convenir d'une date. Tout cela sous la foi du palais, mais sans procédures contraignantes. C'était tellement plus simple. Il y avait encore un côté humain, et pas seulement administratif. Dans ce cadre, nos rapports avec les magistrats étaient plus faciles, plus respectueux.

Outreau a marqué une véritable étape. Tout le temps de l'affaire, les avocats mobilisés ont été complètement ignorés, méprisés par le juge et la chambre de l'instruction de la Cour d'appel de Douai. On connaît la suite, le fiasco judiciaire. Ce scandale laissait présager que la justice tirerait les conclusions nécessaires pour améliorer les rapports entre avocats et magistrats. Il n'en a rien été.

Et au fil du temps, les relations n'ont cessé de se dégrader.

Aujourd'hui, les juges se barricadent dans leurs bureaux. La plupart ne nous reçoivent plus que sur rendez-vous, ils sont toujours pressés et n'ont que peu de temps à nous accorder. Oublient-ils que nous sommes des auxiliaires de justice ? Qu'une démocratie se juge aussi à l'aune de la liberté de ses avocats ?

Le nouveau Palais de Justice de Paris est l'illustration parfaite de cet état d'esprit. Tout y est fermé, verrouillé, il n'y a aucune porte ouverte, nulle part. Non seulement on ne peut plus se rencontrer par hasard, mais il faut franchir tout un tas d'obstacles pour espérer avoir la chance d'apercevoir un juge d'instruction.

Nos intérêts sont-ils si différents qu'ils nous divisent à ce point ? Ne vaudrait-il pas plutôt multiplier les lieux de rencontre au lieu de nous séparer par des portes closes ?

La seule lueur d'espoir réside dans les stages permettant à de futurs magistrats de partager le quotidien des avocats. Ainsi, j'accueille depuis plus de dix ans des auditeurs de justice dans mon cabinet. Au début, ces stages duraient six mois, puis la durée a été réduite de moitié. Mais cela reste une expérience unique. Pendant de longues semaines, ces futurs magistrats font partie intégrante de nos équipes. Ils préparent les dossiers, les audiences, ils font les visites en prison, ils plaident comme les avocats. Et chaque fois, le constat est le même. Tous sont surpris par notre métier et par la façon dont nous sommes traités. Ils tombent des nues, par exemple, quand nous sommes convoqués à 13 h 30, que notre dossier n'est traité qu'à 17 heures, alors qu'un simple appel des causes dès l'ouverture de l'audience permettrait à chacun de s'organiser sans perdre de temps. Sans compter toutes les fois où nous venons pour rien, un renvoi ayant été décidé sans que personne nous ait prévenus. Je ne parle même pas des retenues de dossiers que nous sollicitons devant les tribunaux ou les Cours d'appel quand nous sommes occupés ailleurs par une autre affaire, avant de constater en arrivant que le magistrat ne nous a pas attendus pour ouvrir la procédure.

Grâce à ces stages, les futurs magistrats découvrent une facette de notre métier qu'ils ne soupçonnaient pas. En espérant que cela les aidera, dans l'avenir, à être un peu plus respectueux envers les avocats. De mon côté, je trouve enrichissant de découvrir leur intérêt pour juger et requérir, ce dont je serais, moi, bien incapable.

Voilà pourquoi je pense que ces échanges sont nécessaires, que cette culture de la rencontre devrait même être inculquée dès l'École nationale de la magistrature.

La réciproque est également nécessaire. Nous devons avoir connaissance des difficultés rencontrées par les magistrats dans l'exercice de leur métier. Leur réalité est difficile à ignorer. Leurs conditions de travail sont en effet souvent inacceptables. Ils ne sont pas assez nombreux, ils n'ont pas les moyens matériels suffisants pour exercer leur métier, et cela a des conséquences évidentes pour le justiciable. Ne serait-ce que la lenteur de la justice. Et son embouteillage, qui ne permet pas une écoute aussi qualitative qu'il le faudrait. Le volume de contentieux ne fait qu'augmenter, la situation est donc pire chaque année puisqu'il ne se passe pas grand-chose au niveau gouvernemental. On le dit depuis des années, et cela est de plus en plus une évidence, la justice est vraiment en France le parent pauvre.

Accroître les contacts entre magistrats et avocats éviterait bien des malentendus qui subsistent entre nos deux corps de métiers.

L'image que les médias renvoient des avocats, souvent faussée, n'arrange rien. On nous présente en effet comme des personnes dotées d'un réel pouvoir. Or si nous avons un pouvoir, c'est seulement celui des mots. Ceux qui décident du sort des justiciables, ce ne sont pas nous, mais les magistrats. Leurs décisions sont déterminantes dans la vie des hommes et des femmes qu'ils jugent. Mais à la différence des avocats, eux ne s'exposent pas. Et leur responsabilité n'est quasiment jamais engagée. Nous, nous ne marchons qu'à la réussite. Quand nous perdons des procès, nous perdons des clients. Même si le travail effectué est très important, tout est oublié si la décision de justice est mauvaise. Le bouche-à-oreille ne marche que si nous obtenons des résultats. Un magistrat, lui, a le pouvoir absolu et n'a de comptes à rendre à personne, si ce n'est à sa conscience. Malgré tout, l'image que les médias donnent des avocats, même si elle est loin d'être juste, agace certains juges qui nous reprochent, voire jalousent, notre indépendance de parole, notre exposition, et préfèrent s'enfermer dans leur tour d'ivoire plutôt que de venir discuter avec nous de la réalité de notre métier.

J'en veux pour exemple une rencontre qu'avait organisée l'Association des avocats pénalistes (l'ADAP). Tous les juges d'instruction y avaient été conviés. Ceux qui sont venus se comptaient sur les doigts d'une main.

Et que dire des pouvoirs publics ? L'inflation législative sans en donner les moyens est totalement absurde et témoigne d'une méconnaissance de notre système judiciaire. Et là, tout le monde en souffre, magistrats comme avocats. Personne ne le croit, mais dans des juridictions comme Bobigny ou Créteil, les magistrats doivent venir avec leur propre matériel : stylo, papier, voire ordinateur. Il est évident que ce délabrement des conditions de travail des greffiers et des juges a aussi un impact sur nos relations. Je ne parle même pas du temps qu'il nous faut, par exemple, pour obtenir la simple copie d'un jugement. À Paris, cela prend souvent plusieurs mois. Dès lors, ce bâtiment flambant neuf masque une triste réalité qu'on essaie de cacher, comme la poussière sous le tapis. Il n'en reste pas moins que la France se situe toujours nettement à la traîne par rapport aux autres pays européens pour ce qui est du budget consacré à la justice.

J'aime cette citation, que l'on dit être de Richelieu : « Il est facile de critiquer les maux de la justice, il est plus difficile d'en trouver les remèdes. »

Pourtant, certaines évidences s'imposent, selon moi.

Ainsi, je ne comprends pas qu'il n'y ait pas de formation distincte pour les magistrats du parquet et pour ceux du siège. Et que l'on puisse aussi facilement passer de l'un à l'autre est incompréhensible. Comment un procureur, qui est en charge de l'accusation en tant que représentant de la société, peut-il ensuite devenir juge d'instruction et se mettre à instruire à charge et à décharge ?

Plus encore, il me semble qu'avant de pouvoir juger il devrait être nécessaire d'avoir un minimum d'expérience de la vie et de la justice. En France, certains sortent de l'école alors qu'ils n'ont qu'une vingtaine d'années, et déjà ils sont bombardés juges. En Angleterre, où il n'existe pas d'École nationale de la magistrature, il faut pouvoir justifier d'au moins dix ans de pratique comme avocat pour devenir juge de la Haute Cour. Je trouve cela très sensé.

Il n'y a en effet rien de pire que d'assister un client à l'encontre duquel des peines sont requises par des procureurs tout juste sortis de l'école, sans aucune expérience de la vie. Les sanctions, pour être admises, doivent être comprises.

La justice ne peut être rendue que par des magistrats. Et je suis en désaccord complet avec ceux qui les critiquent en bloc. Pour moi, l'article 66 est l'un des plus beaux de notre Constitution : « Nul ne peut être arbitrairement détenu. L'autorité judiciaire, gardienne de la liberté individuelle, assure le respect de ce principe dans les conditions prévues par la loi. »

Les magistrats ont le pouvoir, qui est immense, de décider du sort des citoyens. Pouvoir qui, dans une démocratie digne de ce nom, a besoin d'un contrepoids. D'où la raison d'être des avocats. Nous sommes là pour apporter une contradiction qui va permettre la réflexion et la nourrir. Le symbole de la justice n'est-il pas une balance ? Encore faut-il que les juges écoutent et entendent les avocats. Sans l'avocat, le juge n'aurait qu'une vision partielle, souvent manichéenne, d'une affaire. Nous apportons un autre éclairage sur les dossiers, une autre façon de voir les choses, qui permet de faire balancier. D'équilibrer. Rien n'est jamais tout blanc, rien n'est jamais tout noir, et la première impression est souvent trompeuse. Paul Ricœur a très bien parlé de cette nuance de gris dans laquelle, souvent, se situe la vérité. À la croisée des chemins.

UN ROUAGE ESSENTIEL

Ma vie professionnelle est indissociable de mes rencontres avec les greffiers. Sans eux, rien ne pourrait fonctionner.

Ils sont tapis dans l'ombre et, pourtant, ils constituent un rouage essentiel de la justice.

Il y a les greffiers qui travaillent aux côtés des juges d'instruction, il y a les greffiers d'audience.

Dans le premier cas, le greffier est en charge de saisir fidèlement tout ce qui se dit dans le bureau du juge d'instruction pendant les auditions de partie civile, les interrogatoires, les confrontations. Lors des reconstitutions criminelles, le greffier doit prendre en note tous les faits et gestes.

En dehors de ces actes, il doit gérer toutes les demandes adressées au magistrat (envoyer les convocations, notifier les actes, etc.).

Quand tout va bien, le juge d'instruction et le greffier forment un véritable tandem. On entend souvent le juge d'instruction nous dire : « Voyez avec *mon* greffier. »

Ce possessif marque bien leur relation.

Mais ce tandem ne fonctionne pas toujours très bien. De nombreuses anecdotes circulent à ce sujet. On apprend vite à reconnaître les juges qui « maltraitent » leurs greffiers. En général, ils en changent très souvent, ce qui est bien des fois le signe d'un malaise dans le cabinet d'instruction, voire d'un magistrat caractériel.

En revanche, le fait qu'un greffier soit là depuis de nombreuses années signifie généralement que son magistrat est équilibré et à l'écoute.

Lors de mon stage en tant qu'élève avocate, il y avait au tribunal judiciaire de Nanterre un juge qui passait son temps à plaisanter avec sa greffière. Elle était passionnée de rallye automobile et il la taquinait à ce sujet. Son bureau était rempli de photos de sa voiture de rallye, on sentait entre eux une véritable complicité, ce qui évidemment avait un impact très positif sur le bon fonctionnement du cabinet.

En revanche, quelques années plus tard, toujours à Nanterre, j'ai assisté à une scène surréaliste. Une juge connue pour être toujours en retard avait convoqué à 14 heures plusieurs mis en examen et avocats pour une confrontation. Nous sommes arrivés, elle n'était pas là, nous l'avons attendue deux heures avant de pouvoir commencer. L'agacement de la greffière était perceptible. À 18 heures, alors que nous étions loin d'avoir terminé, la greffière a soudainement fermé son ordinateur et a annoncé qu'elle s'en allait. Sous les yeux médusés de la juge, elle a dit que ces retards n'étaient plus acceptables, qu'elle en avait assez, qu'elle avait fini sa journée, et elle est partie.

Je l'ai trouvée héroïque.

Quand j'ai commencé à exercer, j'ai eu affaire à des greffières qui évidemment connaissaient bien mieux que moi les arcanes de la justice. Elles me faisaient sentir que le titre d'avocat ne suffisait pas, qu'il fallait aussi savoir maîtriser l'institution et ses rouages au quotidien, ce qui est une tout autre affaire. Comme elles avaient raison !

Les greffiers qui assistent les juges d'instruction entendent toutes les confidences, assistent à tout, supportent les humeurs des magistrats et sont toujours d'une discrétion exemplaire. Bien souvent, ce sont eux qui paient les pots cassés. Je me souviens d'une juge qui refusait de recevoir les avocats. Lorsque l'un d'entre eux se présentait, sa greffière avait pour instruction de passer dans le bureau d'à côté et de l'appeler d'une ligne fixe pour une prétendue urgence. La pauvre greffière revenait ensuite et c'était à elle de gérer la colère des avocats.

À la JIRS de Paris, une autre greffière devait affronter la verdeur de langage de son magistrat, mais c'était cette fois bien plus amusant. Celui-ci avait en effet une passion pour *Les Tontons flingueurs*, l'affiche et des photos du film étaient accrochées aux murs de son bureau, et il parlait avec la même verve que les personnages du film. Aussi l'entendait-on souvent dire à sa greffière : « Arrête de prendre en notes, il raconte trop de conneries ! » Il ne faisait preuve d'aucun égard, c'était sa façon d'être, qui était plutôt appréciée de tout le monde, en particulier des mis en examen avec qui il arrivait ainsi facilement à dialoguer. Certaines grandes figures du banditisme m'ont ainsi confié que, lorsque son nom était évoqué en prison, c'était toujours avec beaucoup de respect.

Les conditions d'exercice tant pour les magistrats et les greffiers que pour les avocats se sont dégradées ces dernières années. Mais contrairement à certains endroits, comme ce nouveau bunker à Paris, le tribunal de Bobigny garde encore un visage humain. C'est une espèce de ruche qui, en dépit de conditions de travail déplorables, tient grâce à l'investissement de ceux qui y travaillent. Telle est la véritable force de ce tribunal, un état d'esprit bien particulier que j'ai rarement rencontré dans d'autres juridictions. Et cela est certainement dû aux greffières, à Évelyne, Christelle ou Nathalie, qui tiennent les services d'une main de maître. Elles font tout pour concilier les impératifs des avocats, souvent appelés à plusieurs audiences en même temps, et gèrent au mieux dans un contexte difficile l'agenda de tous. Je pense, par exemple, à l'insuffisance des escortes nécessaires pour présenter les détenus aux magistrats, un problème récurrent dans toutes les juridictions. Quant aux greffiers d'audience, ils retranscrivent au mot près tout ce qui se dit au tribunal et je sais que, grâce à eux, en cas d'appel, je pourrai plaider en m'appuyant sur les notes d'audience, ce qui, en dépit du caractère obligatoire de ces notes, est loin d'être le cas dans tous les tribunaux. À Bobigny, je peux leur faire confiance et compter sur leur vigilance.

Je tenais à leur rendre hommage. Parce que je me dois d'avouer ici qu'à Bobigny, mais aussi à Nancy, Créteil, Évry, Paris ou Carcassonne, j'ai souvent pu, grâce à leurs sourires, me sentir moins seule dans des moments de doute, d'inquiétude, ou d'angoisse.

UN MOMENT UNIQUE

Les assises sont l'essence même de notre métier de pénaliste.

Qu'elles durent quelques jours ou plusieurs semaines, voire plusieurs mois, c'est toujours une expérience riche et unique.

Il y a d'abord l'oralité des débats, qui oblige à une attention permanente. Il faut savoir écouter, retenir les points forts de chaque déposition, du directeur d'enquête jusqu'aux experts, en passant par les témoins et les plaignants.

Les premières fois que j'ai plaidé aux assises, j'étais convaincue que le directeur d'enquête, à savoir le gendarme ou le policier en charge du dossier, serait neutre, qu'il se contenterait de présenter les faits objectifs. J'ai très vite déchanté. Celui-ci ne peut en effet s'empêcher d'être subjectif. Et on peut le comprendre. Lorsqu'une directrice d'enquête me raconte comment la découverte du corps d'une jeune fille assassinée l'a bouleversée à vie, je sais que sa charge émotionnelle ne pourra être absente des procès-verbaux.

Dans les affaires dites « de criminalité organisée », cette absence d'objectivité est souvent flagrante. J'ai ainsi le souvenir d'un client présenté à longueur de procès-verbaux comme un narcotrafiquant de la banlieue sud. Cette appellation était déjà, sinon une preuve de sa culpabilité, du moins une vision subjective néfaste pour lui et pour sa défense. Le service d'enquête connaissait mon client et voulait le faire payer dans cette affaire pour « l'ensemble de son œuvre ». Il n'avait pas les preuves suffisantes, mais cette dénomination de narcotrafiquant lui permettait d'appuyer plus fort et de noircir encore davantage le profil de mon client.

C'est pourquoi je conseille toujours à mes collaborateurs de lire et relire soigneusement le procès-verbal de synthèse établi par l'enquêteur. Les faits rapportés sont souvent biaisés par sa vision de l'affaire, d'où un dossier parfois tendancieux. Raison pour laquelle il faut le confronter aux autres éléments matériels. Les écoutes téléphoniques, par exemple, sont souvent résumées dans le sens qui arrange la police ou la gendarmerie. En effet, dans les dossiers de criminalité organisée (les braquages, les règlements de comptes, les trafics internationaux), les enquêteurs connaissent souvent les suspects ou les accusés, soit parce qu'ils les ont déjà croisés dans d'autres procédures, soit parce qu'ils les ont suivis, surveillés pendant plusieurs mois. Même s'ils n'arrivent pas à établir nettement leur implication, ils essaient de tout faire pour les charger au maximum.

Heureusement, aux assises, nous pouvons interroger les enquêteurs, à la différence des audiences correctionnelles, où ils ne viennent jamais. Et l'audience est souvent cruciale. Dans un dossier récent, trois d'entre eux ont fini par reconnaître laborieusement qu'ils n'avaient pas vérifié les éléments financiers de mon client – alors qu'il suffisait, pour ce faire, de demander ses relevés bancaires – et que leur procès-verbal était davantage fondé sur des suppositions que sur des faits. Convaincus qu'il était coupable, ils n'étaient guère allés plus loin. La Cour d'assises a permis de révéler cette lacune. En correctionnelle, cela serait passé à la trappe. Bien sûr, et heureusement, comme dans tous les milieux, il y a aussi de véritables professionnels, mais souvent l'audience permet de démontrer l'absence totale d'objectivité de certains enquêteurs.

Ces interrogatoires en assises nous obligent à réactualiser en permanence nos connaissances juridiques – ce qui est indispensable étant donné la prolifération des lois et des évolutions en matière de règles procédurales –, mais aussi nos connaissances techniques afin de pouvoir peser dans certains débats. Je pense en particulier à tout ce qui concerne l'ADN. Nous avons en effet souvent affaire à des experts hautains et méprisants, à qui il faut savoir poser les bonnes questions.

Je n'oublierai jamais cet expert venu expliquer dans un procès d'assises de vol à main armée que l'ADN mitochondrial était l'ADN qui attestait une filiation maternelle, ce qui était susceptible d'emporter la condamnation de deux accusés qui étaient frères. En appel, un autre expert cité par la défense a certifié qu'au contraire un ADN mitochondrial pouvait être commun a des personnes qui n'avaient aucun lien de filiation. Raison pour laquelle il est important de bien savoir s'entourer et d'avoir un minimum de connaissances pour déterminer là où le bât blesse.

Ces expertises sont d'ailleurs un point faible de la justice. Surtout en ce qui concerne les psychiatres et autres psychologues qui viennent témoigner à la barre et qui, souvent, n'ont vu les accusés qu'une seule fois, ou deux dans le meilleur des cas. Leur titre ronflant d'expert ne signifie pas que leur expertise est sans faille. Comment dresser le juste portrait psychologique d'une personne que l'on a côtoyée pendant une heure seulement ?

Et je ne parle même pas des conflits entre experts. Récemment, dans le sud de la France, j'en ai vu défiler quatre. Le premier a conclu à une altération du discernement chez un sujet *borderline*. Le deuxième et le troisième validaient la notion de sujet *borderline*, mais réfutaient l'altération du discernement. Quant au dernier, clairement influencé par les comptes rendus d'audience de la première instance, il a évoqué un risque de récidive que les trois autres n'avaient jamais mentionné ni envisagé. On dit souvent que juger, c'est comprendre, alors, que comprendre d'un passage à l'acte devant ce genre de batailles sans fin ? Et à quoi peuvent s'en remettre la Cour et les jurés, sinon à leur bon sens ?

Cette affaire était d'autant plus difficile qu'elle mettait en cause un jeune qui, à dix-huit ans, avait tué sa copine, qui en avait dix-sept. Il avait pris trente ans en première instance. Il faut être clair : quand on inflige une peine de trente ans à quelqu'un, qui que ce soit, c'est qu'on est sûr qu'il va récidiver, qu'on veut le mettre totalement hors d'état de nuire. Était-ce approprié dans ce cas précis ? Ce gamin avait eu un parcours difficile, tout comme sa copine, il présentait selon certains experts une altération du discernement, et quand je me disais qu'il allait passer trois décennies en prison, c'était perturbant. Certes, il a tué une femme, c'est gravissime. Mais après ça, qu'est-ce qu'on cherche à régler ? Prendre trente ans, à cet âge-là, pour moi, c'est une condamnation qui vous exclut totalement de la société, ça équivaut quasiment à une extermination. Quelqu'un qui a été enfermé entre sa vingtième et sa cinquantième année, il lui reste quoi ? Je trouve ça extrême. Ce n'était pas un tueur en série. Je suis loin d'être naïve, mais c'est un dossier qui me travaille. Un dossier où les experts n'ont jamais été unanimes.

La difficulté est encore plus grande quand la folie entre en jeu. Là, l'opposition des experts est difficilement surmontable. Comment savoir si quelqu'un est réellement irresponsable ? Je ne sais pas s'il faut juger les fous ou comment les juger. Mais je sais que la tendance actuelle est de privilégier la responsabilité, de crainte que quelqu'un qui est envoyé en hôpital psychiatrique ne ressorte plus vite que s'il était envoyé en prison.

Ces conflits d'expertises, toujours problématiques, sont symboliques de tout ce qui peut se passer dans une Cour d'assises. De même que la réaction toujours surprenante d'un jury. Une présidente me disait récemment que les jurés sont souvent très répressifs. Je ne peux pas lui donner tort. Comme tout le monde, j'ai vécu cette expérience où, autour d'une table de dîner, chacun s'exprime sur un fait divers sanglant et pense que c'est la peine la plus lourde qui devrait être prononcée. Affronter un jury est toujours une affaire compliquée. C'est pourquoi j'ai ma « jurée-test », ma belle-sœur, à qui j'expose souvent des dossiers pour connaître son ressenti. Elle est toujours cash, elle ne fait jamais de cadeau, mais elle m'aide chaque fois à trouver les bons arguments pour essayer de la faire fléchir !

Si difficiles soient-ils à convaincre, je ne pense pas pour autant qu'il faille supprimer les jurys de Cours d'assises. C'est en effet pour moi la base de notre justice, qu'elle soit prononcée par nos concitoyens.

C'est aussi ce qui fait que les Cours d'assises sont un moment unique dans l'exercice de ce métier d'avocat pénaliste. C'est d'abord un espace où on prend le temps de juger. Ce temps qui est aujourd'hui devenu le luxe absolu. Ensuite, c'est un concentré d'intensité, d'angoisse, de peurs, de pleurs, d'humanité.

J'appréhende toujours les assises et pourtant j'y retourne chaque fois, même si je sais que je vais en sortir rincée.

J'apprends en permanence quand j'y suis. J'apprends de la nature humaine, de l'humanité.

J'y ai vu des parties civiles d'une dignité extraordinaire bien plus éloquentes que leur propre avocat.

J'y ai vu des accusés qui m'ont glacé le sang et j'y ai vu des accusés qui m'ont bouleversée.

J'y ai appris en voyant des confrères, j'y ai appris en observant des magistrats.

Et pourtant, même avec mon expérience, la Cour d'assises reste un mystère complet.

Un mystère fascinant.

UNE INTIME CONVICTION

© Benoît Peyrucq

« Vous jurez et promettez d'examiner avec l'attention la plus scrupuleuse les charges qui seront portées contre X..., de ne trahir ni les intérêts de l'accusé, ni ceux de la société qui l'accuse, ni ceux de la victime; de ne communiquer avec personne jusqu'après votre déclaration; de n'écouter ni la haine ou la méchanceté, ni la crainte ou l'affection ; de vous rappeler que l'accusé est présumé innocent et que le doute doit lui profiter; de vous décider d'après les charges et les moyens de défense, suivant votre conscience et votre intime conviction, avec l'impartialité et la fermeté qui conviennent à un homme probe et libre, et de conserver le secret des délibérations, même après la cessation de vos fonctions. »

L'article 304 du Code de procédure pénale est selon moi l'un de ses textes les plus beaux.

Au moment où le président de la Cour d'assises le lit, il règne chaque fois un grand silence, signe de solennité. Comme si les jurés mesuraient à cet instant la charge qui repose sur eux.

Ensuite, chaque juré, debout, tête découverte, répond en levant la main : « Je le jure. »

Être juré d'assises est une expérience unique. Il s'agit, en l'espace de quelques jours ou de quelques semaines, de devenir l'acteur d'une future décision de justice, rendue au nom du peuple français, qui scellera l'avenir d'un accusé et permettra à la victime d'avancer dans sa reconstruction. On est loin de la rubrique faits divers ou d'une émission de télé sur la justice : le juré doit en effet maîtriser en très peu de temps les arcanes de la justice, appréhender des notions juridiques parfois complexes, même pour les professionnels. Mais le plus saisissant est sans doute l'obligation faite aux jurés de ne rien laisser transparaître.

Le jury, c'est une alchimie. Des jurés qui ne se connaissaient pas vont devoir se côtoyer, s'affronter pour, au final, prendre une décision. C'est la majorité qui l'emportera. Ainsi, c'est finalement le dernier endroit où une véritable démocratie s'exerce.

Il n'est jamais évident pour un avocat de choisir le « bon juré ». Nous ne disposons que de très peu d'informations, la liste des jurés ne comprenant que l'état civil et, parfois, la situation professionnelle. Lorsque le président a mis dans l'urne tous les noms des jurés potentiels et qu'il commence à procéder au tirage, la tension monte toujours d'un cran. C'est le moment où l'avocat doit choisir. Faut-il plutôt opter pour un jeune ou une personne âgée, pour un homme ou une femme ? Chacun a sa méthode. Certains confrères ne récusent jamais. D'autres récusent systématiquement le premier. Puis cela se fait au « petit bonheur la chance ». S'il y a trop d'hommes ou trop de femmes, on récuse ceux ou celles qui viennent ensuite pour parvenir à un certain équilibre.

C'est assez difficile à expliquer, mais il arrive souvent d'avoir certaines intuitions sur le jury. Cela s'est encore produit il y a quelques semaines, il y avait une majorité d'hommes à la fin du tirage, et j'ai senti que ce serait un jury difficile. Ensuite, lorsque les plaidoiries commencent, on perçoit assez rapidement si l'ambiance est à l'écoute ou si, au contraire, elle est hostile. Pour peu que votre client ait commis un crime atroce, on soupçonne parfois que certains jurés vous identifient à lui. Les visages sont fermés, les regards glacés. Il faut, bien sûr, en faire abstraction, mais cela n'est pas toujours évident. À l'inverse, on tombe souvent sur un bon jury – celui qui prend des notes, qui pose des questions, qui sait avoir du recul.

Je pense à deux affaires récentes. Une à Créteil, où il y avait un jury extrêmement compliqué, hostile d'emblée. Une autre à

Bobigny, où le parquet et les avocats de la partie civile faisaient tout pour que la qualification d'assassinat soit retenue et où le jury a vraiment joué le jeu, s'intéressant à chaque point de détail, refusant les pressions, posant des questions pour à la fin décider que cette qualification ne devait pas être retenue. Là, les jurés ont vraiment fait la part des choses et personne n'a interjeté appel de cette décision.

J'ai vécu une expérience sans précédent. Lors du second procès en appel de l'affaire dite « de l'évasion d'Antonio Ferrara », le ministère public a décidé de citer comme « témoin » un juré de la première instance. C'était inédit et je crois que cela reste inédit dans les annales judiciaires.

En effet, une jurée avait entretenu une correspondance avec Antonio Ferrara après son premier procès. Les courriers avaient été interceptés et leur contenu, selon le parquet, faisait redouter une nouvelle tentative d'évasion. La jeune femme était en effet pilote de ligne et on craignait une évasion par hélicoptère, comme celle de Michel Vaujour quelques années plus tôt. Finalement, il est apparu dès le premier jour qu'il n'en était rien, le parquet a donc annoncé qu'il renonçait à entendre ce témoin. L'occasion était trop belle pour la défense qui n'a jamais la possibilité d'interroger un juré, qui plus est sur un procès de première instance qui avait donné lieu à bien des débordements. Ce fut un grand moment. Cette femme a avoué à demi-mot à quel point les magistrats professionnels qui assistent aux délibérations pouvaient avoir une influence bien trop importante sur les jurés, que ces derniers ne faisaient pas le poids face à des professionnels, quelles que soient leurs intentions. Conclusion, a-t-elle précisé, à laquelle étaient également arrivées sa grand-mère et sa mère, qui, toutes les deux avaient également été jurées d'assises. Cette influence ne fut bien sûr pas une surprise pour nous, avocats, mais nous avons tous été ravis de l'entendre mentionnée au sein d'un prétoire.

Autre témoignage important : celui de la seule femme jurée lors du procès de Christian Ranucci en 1976, Geneviève

Donadini. Dans son livre, *Le Procès Ranucci*, elle nous donne ses impressions, nous fait partager, sans trahir son serment, le quotidien d'un procès où la peine de mort a été prononcée. Quarante ans après les faits, elle témoigne surtout de la façon dont cette affaire l'a marquée à jamais.

On ne sort en effet pas indemne d'un procès d'assises. À tel point qu'une cellule psychologique a été instituée pour permettre aux jurés de s'épancher après un verdict dans certaines juridictions.

Si ma belle-sœur est aujourd'hui ma jurée de référence, ce rôle a longtemps été tenu par Danielle, la secrétaire de Me Philippe Lemaire. Ce personnage haut en couleur a marqué tous les avocats passés par le cabinet. Au mois de juin, elle sortait la télévision de la cave pour pouvoir assister aux matchs de Roland-Garros tout en répondant au téléphone. Elle fumait cigarette sur cigarette, des Gitanes qui empestaient tout le bureau, mais personne n'osait se plaindre. C'était la « patronne » du 92, rue de Rennes. Elle partait à midi acheter ses chaussures chez Tati, vêtue du vison qui lui avait été offert pour ses cinquante ans. Quand les clients sonnaient à la porte du bureau, elle était capable d'aller ouvrir pieds nus si elle avait mal aux pieds. Imbattable au Scrabble, redoutable en orthographe, elle n'était pas impressionnée par le CV de certains clients. Homme politique, acteur ou inconnu, tout le monde était traité de la même façon, elle n'hésitait pas à les envoyer promener s'ils sortaient des clous. Elle a été bien davantage qu'une secrétaire. Après plus de trente ans d'expérience, elle était redoutable. À mes débuts, je lui faisais lire des écritures en lui dévoilant mes moyens de défense qui n'étaient, selon elle, jamais assez pertinents. Elle connaissait mieux que quiconque les arcanes judiciaires, mais surtout elle avait un incroyable esprit synthétique. Il ne fallait pas lui faire perdre son temps, elle sabrait toutes les inutilités, pointait toutes les contradictions. J'ai eu la chance de devenir son amie. Elle a pris sa retraite sur l'île de Beauté. Souvent je regrette qu'elle ne soit plus à mes côtés pour me guider ou m'engueuler quand il le faut.

Je pourrais clore ce chapitre par l'évocation de films qui mettent parfaitement en scène l'alchimie et la dramaturgie d'un jury – je pense à l'indispensable *Douze hommes en colère* de Sidney Lumet ou à l'extraordinaire *Septième juré* de Georges Lautner, avec Bernard Blier –, mais je préfère finalement m'en tenir à l'article 353 du Code de procédure pénale, qui cite l'instruction donnée par le président aux jurés avant que ceux-ci ne partent délibérer. Il est en outre affiché en gros caractères dans le lieu le plus apparent de la chambre des délibérations : « Sous réserve de l'exigence de motivation de la décision, la loi ne demande pas compte à chacun des juges et jurés composant la Cour d'assises des moyens par lesquels ils se sont convaincus, elle ne leur prescrit pas de règles desquelles ils doivent faire particulièrement dépendre la plénitude et la suffisance d'une preuve ; elle leur prescrit de s'interroger eux-mêmes dans le silence et le recueillement et de chercher, dans la sincérité de leur conscience, quelle impression ont faite, sur leur raison, les preuves rapportées contre l'accusé, et les moyens de sa défense. La loi ne leur fait que cette seule question, qui renferme toute la mesure de leurs devoirs : "Avez-vous une intime conviction ?" »

LES TÉNORS ET LES DIVAS

La voix est l'outil de base de l'avocat pénaliste. Sans voix, point d'avocat. Cette évidence est si naturelle qu'on oublie parfois d'en parler.

Une inégalité existe : certains, certaines ont indubitablement une « voix », et d'autres non. C'est frustrant, mais c'est ainsi. Certains sont de bons juristes mais pas de bons plaideurs, leur voix est leur ennemie. Elle est sans ton, sans relief, l'auditoire n'écoute pas. Comment peut-on sérieusement reprocher à des magistrats de s'endormir alors qu'ils sont bercés par la voix monocorde ou inaudible d'un avocat ? Nous avons aussi la responsabilité de garder les magistrats éveillés.

Lors d'une audience de comparution immédiate, où de nombreux dossiers sont examinés (vingt minimum en un seul après-midi), où les affaires se ressemblent toutes plus ou moins (violence, vols de portable dans le métro, etc.), où les arguments relèvent tous du même registre, il n'existe qu'une seule façon de réveiller l'auditoire : la voix !

La plaidoirie au pénal est notre ADN : elle est portée par la voix. Qu'elle soit forte, menue, que son timbre soit agréable ou, au contraire, qu'elle soit mal placée... c'est cette voix qui nous lie aux chanteurs, cette voix qui a valu à certains l'appellation de ténors – sans que, du reste, personne se pose la question des avocates. Il n'y a pas de ténors chez les femmes. Alors, soyons simples et allons de l'avant : puisque nul, apparemment, n'a pensé jusqu'ici que les avocates puissent occuper le devant de la scène du prétoire et puisque les femmes ont désormais leur propre voix, qualifions-nous de *prima donna*, de divas du barreau. Je trouve ça très bien, les ténors et les divas.

À la différence des chanteurs d'opéra, toutefois, nous, avocats, sommes aussi des compositeurs. Nous construisons notre plaidoirie comme une partition, avec nos mots, notre intention, notre style.

La voix est d'autant plus importante qu'au pénal la plaidoirie est d'une nature bien spécifique. Pour moi, la grande affaire d'un avocat, c'est le pénal – et sa plaidoirie. Au fil du temps, le droit s'est diversifié, des spécialisations ont été créées pour répondre à ce besoin de diversification, mais ce sont souvent des matières dont la technicité requiert des écritures particulières. La technicité laisse peu de place, me semble-t-il, à l'éloquence. Plaider sur un vice de construction, par exemple, peut certes s'avérer instructif, mais de là à parler de plaidoirie éloquente, il y a une marge. Le pénal, lui, permet d'allier la technicité à l'humain. Plaider l'humain permet une liberté de ton, un style, un phrasé, qui peuvent rendre une plaidoirie percutante.

Reste la question de l'éloquence. Un avocat dénué de « voix » ne pourrait-il pas être éloquent ? Je pense que non. Les plaidoiries les plus convaincantes passent le plus souvent par des voix convaincantes. Ce qui est évidemment incontestable, c'est la nécessité d'avoir une voix *audible*.

Je suis attentive, je suis plus que sensible aux voix. Le paradoxe, c'est que c'est un compliment que je n'ai jamais reçu : « Maître, quelle voix ! »

Dans un monde parfait, on devrait plaider à l'aveugle. Les magistrats devraient nous tourner le dos et n'écouter que notre voix. Finiraient-ils par nous reconnaître à notre seul timbre ? Je n'en suis pas certaine. L'avantage, en tout cas, c'est que les magistrats n'écouteraient que notre voix et la plaidoirie portée par cette dernière. Seriez-vous convaincus rien qu'en entendant le son de la voix de Fanny Ardant ou de Pascale Clark ? Les voix de ces femmes constituent à elles seules, me semble-t-il, un argument susceptible d'emporter la conviction.

Le travail d'un avocat pénaliste, évidemment, ne se résume pas à ce qui pourrait s'apparenter à un jeu radiophonique. L'avocat est habité par son dossier, par sa cause. La gestuelle, l'occupation de l'espace viennent en complément de la voix, en support.

On dit parfois que les avocats ne sont « que » des acteurs. Je pense que je ne serais pas une bonne actrice. Lorsque je plaide, je me sens investie de la cause de celui que je défends. Je dois convaincre. La conviction va au-delà de la prestation de l'acteur. Pour convaincre en tant qu'acteur, l'acteur doit « bien » jouer. L'avocat ne joue pas : il ne doit pas convaincre qu'il est un bon avocat. Il doit juste démontrer que sa thèse est crédible, que celui qu'il défend mérite une autre appréhension que celle qui est souvent résumée dans un dossier écrit.

La voix est magique : elle rend chaque être – chaque avocat – unique. Il y a de belles voix, des voix graves, des voix aiguës, et toutes ces voix s'échinent à convaincre. Je prends un vrai plaisir, à chaque audience, à en découvrir de nouvelles. Évidemment, on l'a déjà dit, il existe une forme d'inégalité. Certaines voix portent plus facilement la plaidoirie, emportent plus facilement la conviction.

Ce que j'aime, c'est la voix forte, celle que l'on entend du fin fond de la salle d'audience, celle qui est modulable : qui peut se faire chantante puis tranchante. Celle qui, à l'opéra, ouvre à une carrière de soliste. J'aime les ruptures de ton, de rythme. Elles sont nombreuses, ces voix qui me touchent : de celle de Jean-Yves Le Borgne, une voix de basse noble, avec une prononciation parfaite, à celle de Jean-Yves Liénard, décédé en 2018, une voix de baryton qui me manque encore aujourd'hui, en passant par celles de Philippe Screve, de Jean-Louis Seatelli, de Julien Delarue – un baryton léger doté d'un phrasé unique –, de Christian Saint-Palais – un baryton grand mélodiste sur du

Ravel ou du Poulenc à ses heures perdues –, d'Amar Bouaou, de Matthieu Juglar, de Gérard Zbili, pour ne citer que celles-ci. Toutes ces voix sont uniques.

Celle de Monique Smadja-Epstein, à mes débuts, m'a fortement marquée. C'était une voix de fumeuse, addiction qui allait l'entraîner dans la tombe ; on disait que c'était une voix d'homme. De l'eau a coulé sous les ponts depuis, et heureusement ! Le temps des voix de femme est venu. Voix élégante comme celle de Jacqueline Laffont, puissante à l'instar de celle d'Emmanuelle Kneusé, précise comme celle de Myriam Falco-Mairat, et il y en a tant d'autres dont j'aime le timbre, la vibration, la portée… Des divas.

On naît avec une voix. On peut, paraît-il, apprendre à la maîtriser. Bertrand Périer ne parle-t-il pas de sport dans son livre *La parole est un sport de combat* ? Faut-il la discipliner, la travailler pour qu'elle soit plus convaincante ? Je n'en suis pas certaine. La voix au pénal va parfois au-delà de notre plaidoirie sagement préparée – elle nous échappe et peut trahir l'émotion que nous désirions à tout prix contenir… et c'est là que nous en devenons plus humains.

Comme celle des chanteurs, elle peut aussi nous trahir. Perdre sa voix à la veille d'une plaidoirie d'assises peut se transformer en véritable cauchemar. J'ai vu le très grand Jean-Louis Pelletier la perdre, un jour, et devoir se faire injecter de la cortisone afin que quelques sons puissent sortir de sa bouche.

Certaines grandes voix sont perdues. De grands avocats ont livré des plaidoiries magistrales à la barre, mais il n'en reste nulle trace. Elles n'ont jamais fait l'objet d'enregistrements. Pourtant, on s'en souvient, elles ont marqué les esprits.

Perdre sa voix définitivement ? Ce serait la fin. Sans voix, plus de plaidoirie… et plus de raison d'être avocat pénaliste.

JE PENSAIS
QU'ON NE DEVAIT PAS RIRE

Mon métier me passionne autant qu'il me dévore.
Il prend toute mon énergie.
Il m'affaiblit autant qu'il m'enrichit.

Chaque jour est différent.

Chaque jour commence sans que je sache exactement de quoi il sera fait (on ne peut jamais prévoir d'être appelée pour une garde à vue ni même savoir la durée d'une audience).

Ce métier d'avocat pénaliste, ou cette vocation, devrais-je dire, est à l'image des montagnes russes. On passe d'un succès qui nous enorgueillit à un échec qui nous fait tout remettre en cause.

Au fil du temps, j'ai appris la dérision, j'ai appris à rire de moi.

C'est d'autant plus important que les pénalistes sont souvent des narcissiques. Nous aimons plaire. Nous aimons convaincre. Nous n'aimons pas perdre. La dérision permet d'avancer avec la tête sur les épaules, elle nous évite de nous croire indispensables, uniques.

À cette arme essentielle s'ajoute celle de l'humour. Quand j'ai débuté, je pensais qu'on ne devait pas rire. La justice était quelque chose de sérieux, de trop sérieux pour que l'humour puisse y trouver sa place. Au fil des audiences, j'ai rencontré des avocats drôles qui, par un bon mot ou une blague, parvenaient non seulement à détendre l'atmosphère, mais souvent à faire rire dans le tribunal. Avec l'humour, certains arrivaient même à convaincre.

J'en ai pour preuve ma première plaidoirie aux côtés d'Hubert Delarue. Il s'agissait d'une audience pour une affaire de vol à main armée jugée pendant trois semaines devant la Cour d'assises de Douai. Il y avait une grosse pression, le périmètre était cerné de CRS, un hélicoptère tournait parce que la police craignait une évasion, les accusés étaient réputés dangereux. Dès les premiers instants du procès, quand on a tiré au sort les jurés, la tension est devenue palpable. Je me souviens d'une femme qui était terrorisée, on voyait sur son visage qu'elle n'espérait qu'une chose : être récusée. D'emblée, Hubert a réussi à détendre l'atmosphère, à faire rire la salle. Malgré tout.

C'est pourquoi j'ai voulu l'entendre au sujet de l'humour. Lui dont on dit : « Delarue ne fait pas que plaider – en même temps, il danse. »

Hubert Delarue : Lors d'un procès, l'humour est souvent déjà dans les situations auxquelles on a affaire. Il suffit de le mettre en avant sans en avoir peur. Dans le dossier dont tu parles, il y avait un type qui disait que, pendant qu'il était en train de pisser contre un mur, il avait vu une voiture passer à quatre-vingt-dix kilomètres à l'heure et qu'il avait reconnu les gens qui se trouvaient à l'intérieur. La chose est suffisamment drôle en soi pour ne pas avoir à en rajouter. Il m'a suffi de me mettre dans un coin de la salle, de mimer l'acte de pisser et de demander au témoin comment il pouvait, dans ces circonstances, reconnaître qui était dans la voiture, à moins d'avoir les yeux derrière la tête. Évidemment, là, le geste suffit, tout de suite, ça amuse… Et en même temps, ça met en difficulté le type en question, qui est un grand menteur, un affabulateur. Peu d'avocats ont recours à ce genre de procédé, c'est vrai, et il ne faut pas se rater, sinon ça peut vite devenir assez trivial.

Parfois aussi, il faut recourir à une forme de dérision. À un humour noir qui fait rire jaune. Mais la chose n'est pas toujours simple à pratiquer. Il faut trouver le bon moment au cours d'audiences qui peuvent s'avérer extrêmement tendues. La température est souvent élevée, les peines encourues peuvent être extrêmement sévères. Il faut trouver le mot qui tombe juste au bon moment pour éviter que la chose ne se retourne contre vous. Quand ça tombe à plat, c'est vraiment désastreux. Je pense en particulier à ces avocats que l'on traite de «rigolos». Ceux-là desservent le client, les magistrats se foutent de leur gueule, c'est dramatique. Finalement, c'est un exercice assez difficile que de trouver le bon moment et la manière de faire descendre la tension, il faut vraiment taper dans le mille. On n'y arrive que de temps en temps. On peut parler d'une sorte d'instinct. Tout le monde n'en est pas pourvu. C'est vraiment à double tranchant, mais quand on y parvient, c'est sûr qu'on marque des points.

INFORMER OU DÉNONCER ?

Il faut bien faire avec les médias.

En tout cas, on ne peut plus faire sans.

À mes débuts, j'ignorais tout de la relation entre les avocats et les journalistes. Mon premier patron les adorait, le deuxième s'en méfiait

Au fil du temps, j'ai découvert leur pouvoir.

Je me souviens de la première fois où mon nom a été cité. Maurice Peyrot, l'incontournable chroniqueur judiciaire du *Monde*, avait écrit un compte rendu d'audience d'une affaire plaidée à la 17e chambre correctionnelle du tribunal de grande instance de Paris, spécialisée dans le contentieux de presse. Il s'agissait d'une affaire de diffamation opposant Gilles Ménage au journal *Le Monde* et à Edwy Plenel. J'avais préparé le dossier et j'avais plaidé aux côtés de mon patron de l'époque. Que je sois citée dans cet article m'avait remplie de fierté, même si personne ne m'en a jamais parlé. Je l'ai évoqué des années plus tard avec Maurice Peyrot qui, bien entendu, n'avait aucun souvenir de ce papier anecdotique pour lui, mais qui a marqué le début de ma relation avec les médias.

Je me suis vite aperçue que le traitement journalistique était très différent en province et à Paris. J'ai pu constater que des confrères locaux, que j'avais trouvés transparents à l'audience, étaient cités et mis en valeur par les journalistes du cru, alors que de très bons avocats, qui avaient pour principal défaut de ne pas être amis avec le journaliste, étaient à peine mentionnés.

Dans le même ordre d'idées, encore aujourd'hui, en 2022, un journaliste de presse régionale cite quasi systématiquement les avocats hommes, mais jamais les avocates.

À Paris, il n'y a malheureusement plus beaucoup de grands chroniqueurs judiciaires comme on en a connu les décennies précédentes. De moins en moins de journaux, de moins en moins de place dans ceux qui restent, le manque de moyens, tout cela a mis à mal la profession. Dans les procès d'assises, on les voyait venir tous les jours pour suivre les affaires de près. Aujourd'hui, ils ne se rendent plus qu'à certaines audiences, en général au début du procès puis au réquisitoire, et cela se traduit par une simple brève au moment du délibéré. C'en est fini des grands papiers enflammés, les comptes rendus sont le plus souvent neutres, on y retrouve quelques bribes des plaidoiries sans véritable commentaire. À part pour certains procès, qui sont plus vendeurs pour les journaux que d'autres sujets, pourtant bien plus intéressants.

Il y a pourtant eu des plumes brillantes ; je pense, sans trop remonter dans le passé, à des articles du *Figaro* ou du *Monde*, qui mêlaient compte rendu judiciaire et chronique sociale avec une vraie profondeur. Si je ne suis pas d'un tempérament nostalgique, je regrette pourtant le plaisir que l'on pouvait prendre à savourer ces articles qui savaient parfaitement retranscrire tous les sentiments humains qui passent lors des audiences. Aujourd'hui, la mode est au live tweet. Tout est sacrifié à la vitesse. C'en est fini de l'évocation des cris, des pleurs, des soupirs, des hésitations, des peurs, et de toutes ces émotions qui font de l'ambiance des Cours d'assises quelque chose d'unique. On ne veut plus d'humain, mais de la rentabilité.

Et surtout, plus les années passent, plus c'est le sensationnalisme qui règne.

Sous couvert de libération de la parole ou d'un pseudo-souci d'information des citoyens, on accuse et on juge coupable dans l'enceinte médiatique, avant même que la justice ait eu le temps de faire son travail.

C'est terrible. Tout est remis en cause, la présomption d'innocence, la prescription, le contradictoire, tous ces socles de notre justice.

Aujourd'hui, ce sont les hommes qui sont principalement visés. Des hommes plus ou moins connus qui se retrouvent publiquement accusés et condamnés sans pouvoir se défendre.

Je ne défends pas, bien sûr, les actes reprochés, mais je défends assurément le droit d'être jugé de manière contradictoire par des juges dont c'est le métier et non par la vindicte populaire, au risque d'une régression incroyable dans la pratique de la justice.

Hélas, certains médias n'ont plus la volonté d'informer, seulement celle de dénoncer. C'est un parti pris, mais à quel prix...

Ce sensationnalisme des médias, relayé par des tweets de personnes gardant l'anonymat et qui ne connaissent pas les dossiers, se mesure à la place accordée aux titres qui accusent, et qui souvent font la Une, et à celle de l'entrefilet qui, des mois plus tard, évoque brièvement le classement sans suite, le non-lieu, la relaxe ou l'acquittement. À ce moment-là, le mal est fait.

Autre facette de ces pratiques, les affaires qui concernent les hommes politiques, et qui sont souvent celles sur lesquelles s'attardent les journaux. Le quotidien d'un tribunal, pourtant beaucoup plus riche, n'intéresse plus les directeurs de publication. J'ai le souvenir du procès de Georges Tron à Bobigny. J'y ai croisé plusieurs journalistes à qui j'ai fait remarquer qu'il y avait des procès bien plus intéressants qui se tenaient au même moment dans les salles d'à côté, des affaires révélatrices sur ce qui se passait vraiment en Seine-Saint-Denis. Aucun n'est allé voir. Pas assez vendeur.

Les rapports entre avocats et journalistes sont souvent compliqués, toujours à double tranchant. Faut-il parler à la presse d'une affaire en cours, d'une audience à venir? Tous les avocats n'ont pas la même pratique. Moi, j'ai été marquée par une affaire, celle dite « des tournantes de Fontenay-sous-Bois ». J'ai vu là à quel point le système pouvait être pervers.

Cela a commencé par un article dans *Le Parisien*, dans lequel les parties civiles se plaignaient de la longueur de la procédure. Quelques jours après, comme par miracle, l'affaire a été programmée devant la Cour d'assises des mineurs de Créteil.

Aucun des avocats de la défense n'avait voulu répondre aux journalistes, tous estimant d'un commun accord qu'il fallait attendre l'audience et que le procès se ferait dans une cour judiciaire et non médiatique.

La veille du début de l'audience, TF1 a diffusé un reportage où une des deux parties civiles exposait à visage découvert les viols dont elle avait été victime. Cela a remué l'opinion.

L'audience était en publicité restreinte. Elle s'est soldée par l'acquittement de la plupart des accusés. Comme aucun journaliste n'avait pu y assister, que le débat contradictoire et les éléments de preuve étaient restés dans l'ombre, tout le monde s'est focalisé sur l'émotion de la victime à l'émission de TF1 et ça a été un tollé général.

Sous la pression du ministère de la Justice de l'époque, lui-même sous l'influence d'associations féministes, le parquet de Créteil, qui, au départ, avait décidé de ne pas faire appel, est revenu sur sa décision et a finalement fait appel contre certains des accusés.

Au moment de l'appel, la pression médiatique était retombée, aucune association féministe n'est venue à l'audience.

Depuis ce jour, j'ai appris à me méfier des médias et de leur influence, parfois pernicieuse.

En revanche, ils peuvent être un excellent moyen de faire de la pédagogie. C'est pour cette raison que j'aime aller sur certains plateaux qui ont le souci d'informer, et non pas pour parler de mes dossiers en cours. Pour rappeler ce qu'est la procédure pénale, les enjeux d'un procès, les peines encourues, etc.

Il me semble important que le téléspectateur néophyte en justice puisse se forger une opinion en ayant le maximum de cartes en main, au lieu de s'appuyer sur un simple ressenti émotionnel ouvert à toutes les manipulations.

OBJECTION, VOTRE HONNEUR !

Dans les polars et les séries, on ne voit souvent que deux types d'avocats, celui qui sombre dans l'alcool et celui à qui tout réussit. Les jeunes stagiaires au cabinet sont souvent influencés par ces clichés.

J'ai été consultante pour les saisons 5 à 7 de la série *Engrenages*, sur Canal Plus. Un boulot passionnant, qui m'a pris beaucoup de temps. Ça n'a pas été l'affaire de quelques mails ou de trois coups de fil : j'étais présente, je faisais vraiment partie de l'équipe. J'avais auparavant été conseillère sur le film *Tanguy*. C'était bien différent : l'histoire était déjà écrite, je n'avais pas mon mot à dire, je devais juste relire la scène de tribunal, traquer les anomalies, les erreurs manifestes de vocabulaire judiciaire, vérifier que tout était plausible et cohérent.

Avec *Engrenages*, il en a été tout autrement. Faire partie des consultants, c'est « nourrir » la série, donner des idées à la showrunneuse, participer au processus d'élaboration. Une fois le scénario achevé, nous le relisons, parfois nous venons sur le plateau. C'est l'occasion de dépoussiérer, de moderniser un genre qui, trop souvent encore, souffre d'une accumulation de lieux communs, avec un effet pernicieux : les gens croient que ça se passe comme ça « en vrai ».

« Objection, votre honneur ! Cette question n'a aucun lien avec l'affaire », par exemple. C'est effectivement ainsi que l'on appelle aux États-Unis le président ou la présidente du tribunal. « *Your Honor* ». Mais en France, cela ne se dit tout simplement pas. Le président, on l'appelle « monsieur le président » ou

« madame la présidente », point. Ce qui est frappant, c'est que des prévenus utilisent parfois ce terme en audience parce qu'ils l'ont entendu dans une série.

Autre cliché venu des séries américaines : le coup de marteau. En France, les marteaux sont surtout utilisés par les commissaires-priseurs ! Pour demander le silence au tribunal, les magistrats élèvent simplement la voix.

Il y a également la question des perquisitions. « Vous n'avez pas de mandat, vous ne pouvez pas entrer chez moi. » Ça aussi, c'est typiquement américain. Le terme « mandat de perquisition » n'existe pas dans le droit français. Pour perquisitionner un domicile, la police judiciaire française doit agir avec l'autorisation écrite du juge d'instruction, sauf si elle dispose de l'autorisation écrite de la personne dont le domicile est visité ou si elle agit dans le cadre d'une enquête de flagrance ou d'une enquête préliminaire.

Je passe rapidement sur le fait que la plupart des magistrats et des procureurs, dans les séries – notamment françaises –, sont des hommes, sans parler des flics. L'avocat n'échappe pas à la règle. C'est le « ténor du barreau », le type solide, d'âge mûr, celui qui va vous tirer de là, ne vous inquiétez pas. À en croire une récente enquête menée par la Direction des affaires civiles et du sceau, 56,4 % des avocats sont pourtant des femmes – un chiffre en constante augmentation. Quand, par bonheur, l'avocate est une femme, il n'est pas rare qu'elle tombe amoureuse du détenu, la pauvrette. Ça, c'est un classique, même si ça commence à changer un peu. L'avocate est féminine, évidemment hétéro, elle a du mal à concilier vie privée et vie professionnelle – un problème qui ne concerne bien sûr pas les hommes…

D'autres clichés concernent le déroulement même de l'enquête. D'abord, on voit sans cesse des juges traîner avec des policiers, ce qui est une absurdité. Le juge est neutre, il doit faire le lien entre le boulot des policiers et le discours des avocats, il ne peut évidemment pas passer son temps à déjeuner avec les flics et à discuter des dossiers, il a autre chose à faire. Et puis, ça va vite – trop vite. En l'espace d'un épisode, le téléspectateur peut assister à une interpellation, une garde à vue et une condamnation. Conséquence ? Certains de nos clients, quand on leur annonce le temps que va réellement durer la procédure, tombent de leur chaise. « Quoi ? Deux ans ? » Évidemment, on ne peut pas montrer ces deux ans à l'écran, le spectateur périrait d'ennui. Mais le fait qu'en matière de pénal la seule culture de la plupart des gens provienne de fictions télé est véritablement un problème. C'est aussi pour cela que j'ai accepté de travailler sur *Engrenages* et que je suis fière de ce que nous avons réalisé avec cette série. Le côté réaliste plaît indéniablement au spectateur, il a l'impression qu'on lui parle de la vraie vie.

Je suis aussi très heureuse d'avoir travaillé avec Anne Landois, la showrunneuse de la série. Une véritable alchimie s'est créée entre nous. Anne a une curiosité insatiable pour la justice et son fonctionnement, et moi j'aime en parler des heures durant. Et nous sommes aussi pointilleuses et attentives aux détails l'une que l'autre. Cela a tellement bien fonctionné entre nous que nous travaillons maintenant sur une nouvelle série qui, je l'espère, connaîtra le même succès qu'*Engrenages*. Cette nouvelle série me tient d'autant plus à cœur qu'elle sera tournée à Bobigny.

DU 27 AU 21

Quand j'ai débuté, il était obligatoire d'être collaborateur d'un cabinet pendant au moins deux ans.

Ce n'est plus le cas aujourd'hui.

Un jeune avocat peut s'installer dès la sortie de l'école.

Ce que je regrette.

Dans la pratique, la justice n'a en effet pas grand-chose à voir avec les grands principes et les règles que l'on nous apprend à l'école. À l'université c'est le savoir qui est dispensé. Dans la vie professionnelle, l'important, c'est la pratique.

J'ai commencé comme collaboratrice au 27. Le 27, boulevard Saint-Michel à Paris, adresse du cabinet de Pierre Haïk et Jacqueline Laffont, un lieu qui a toujours été et qui est encore une véritable pépinière d'avocats. J'y suis restée plusieurs années. C'est là que j'ai rencontré, entre autres, mon ami Stéphane Roquebert, un avocat aussi discret que talentueux qui, comme moi, était collaborateur.

Ensuite seulement, je me suis installée, grâce à Olivier Baratelli et à Paul Lombard, qui m'ont proposé un bureau. J'y ai scellé de vraies amitiés, avec Julien Dreyfus ou Amandine Boulebsol qui, par la suite, est devenue mon associée. Nous avons travaillé toutes les deux à Paris, puis, lorsque j'ai décidé de m'établir au 21, rue de l'Indépendance à Bobigny, nous sommes restées associées.

Aujourd'hui, c'est à mon tour d'avoir des collaborateurs. Et je suis très exigeante avec eux, certainement trop. Mais cette exigence, je me l'applique à moi-même jour et nuit, jours ouvrés, jours fériés.

J'ai un mantra, je dis toujours à mes collaborateurs : « Il faut défendre comme vous voudriez être défendus. »

Beaucoup de jeunes veulent exercer en droit pénal ; et puis, au bout de quelques semaines, quelques mois, certains n'arrivent pas à tenir le rythme, à supporter la pression. Ils s'aperçoivent qu'ils ne sont pas faits pour ce métier. Car il ne suffit pas d'être diplômé pour être pénaliste, il faut être résistant, modeste, dynamique, battant. Accrocheur, culotté, poli, passionné, ivre de justice.

Même un petit cabinet comme le mien ne peut fonctionner que grâce à une équipe. La complexité des dossiers, leur volume exigent qu'ils soient vus au moins deux fois, une fois par un collaborateur, une fois par moi. Les résultats obtenus sont toujours le fruit d'un travail à plusieurs.

Vu toute la pression que nous subissons, l'entourage joue un rôle fondamental ; il faut s'entourer de garde-fous, de gens, patrons ou collaborateurs capables de vous ramener sur terre, de vous dire : « Attends, là, c'est n'importe quoi, ce que tu es en train de faire ! »

La plupart des avocats pénalistes sont de vraies piles électriques, en permanence sur le qui-vive. Il ne faut montrer ni ses peurs ni ses angoisses. On doit gérer le stress de tout le monde – des clients, de leur famille – et la violence qui va avec. Au final, ça nous revient souvent en pleine figure. On s'efforce de canaliser la rage, la frustration, la rancœur, mais il n'est pas toujours simple de se protéger. Seul, cela serait impossible.

Aussi, aujourd'hui, à la différence des cabinets d'affaires, un cabinet d'avocats pénalistes est beaucoup plus proche d'une équipe d'artisans passionnés, tous capables de tout faire, d'occuper tous les rôles : de la rédaction d'un courrier à la préparation d'une plaidoirie d'assises. Et le travail se fait véritablement ensemble. Qu'il s'agisse d'examiner les dossiers, de s'interroger sur le bien-fondé d'une stratégie, de discuter des problèmes qui surviennent. Les échanges sont absolument nécessaires, c'est même le nerf de la guerre. Les échanges et le soutien dans les moments de grande violence.

Les jeunes collaborateurs et collaboratrices peuvent parfois être rongés par le doute, mais ils compensent souvent par un enthousiasme qui, personnellement, m'apporte beaucoup. Ce sont des soutiens précieux. J'aime aller plaider aux assises avec eux. Nous partageons nos inquiétudes, nos doutes, mais aussi nous nous encourageons, nous nous stimulons les uns les autres.

L'union fait la force et cette force est nécessaire pour défendre.

Aussi, je remercie Laura, qui m'accompagne depuis plusieurs années, mais aussi Victoria, Clément, Quentin, Jean-Baptiste, Charles, Amelle, tous ceux avec qui j'ai souvent formé des duos dont les résultats ont été bien supérieurs à ce que j'aurais obtenu seule.

© Benoît Peyrucq

UN SAVOIR QU'ON NE TROUVE DANS AUCUN MANUEL

Lorsque j'étais adolescente, je me rêvais avocate de la veuve et de l'orphelin. J'avais lu un livre écrit par Henri Leclerc, en collaboration avec Jean-Marc Théolleyre, qui m'avait confortée dans ma vocation. J'avais l'impression qu'il avait été écrit pour moi. Voilà ce que je voulais être : avocate de la défense. Et pour moi, comme pour beaucoup, Henri était un mythe inaccessible.

Des années plus tard, lorsque j'ai commencé ma première collaboration, je me suis retrouvée dans un cabinet voisin de celui d'Henri. Souvent, tous les avocats se retrouvaient dans la même brasserie. J'y apercevais Henri régulièrement, sans jamais oser lui parler directement.

En 2013, un procès singulier s'est tenu aux assises de Paris, celui de la tentative d'assassinat d'un avocat. Je défendais un des accusés, suspecté d'avoir conduit la moto sur laquelle se trouvait le tireur. Et Henri, succédant à Philippe Lemaire, qui venait de disparaître, avait repris la défense d'un homme présenté comme un des lieutenants du commanditaire.

C'est l'un des procès qui m'ont le plus marquée.

D'abord parce que des avocats chevronnés y participaient : Michel Konitz, Joseph Cohen-Sabban, Philippe Dehapiot, Frédéric Trovato, Emmanuel Marsigny. Nous n'étions que deux avocates, Louise Tort, qui, aux côtés de Michel Konitz, défendait celui qui était présenté comme le tireur, et moi.

La pression était grande, et nous avons vécu ensemble trois semaines vraiment difficiles. Ce n'est pas tous les jours qu'un avocat se fait tirer dessus, l'affaire avait fait grand bruit, et nous nous sentions particulièrement concernés.

La victime, qui avait défendu pas mal de personnes fichées au grand banditisme, accusait la police d'avoir monté l'opération. Il y avait de vraies tensions entre les accusés. Pendant le procès, l'un des détenus s'est jeté sur un confrère en tentant de l'étrangler. Moi-même, j'avais reçu des menaces d'un autre des accusés. Même s'il régnait une bonne ambiance entre les avocats de la défense, j'étais vraiment tendue. Celui qui m'avait menacée était dans le box, il fallait gérer le stress, la violence. Et, cerise sur le gâteau, Henri Leclerc est venu me trouver pour m'informer qu'il était curieux de voir la façon dont j'allais défendre mon client, qu'il allait m'observer. Bref, aucun faux pas n'était permis. Grâce à un ami journaliste, j'avais retrouvé les premières dépêches tombées la nuit des faits et les premiers articles, ce qui m'a permis de présenter un album photo qui mettait à mal la thèse de l'accusation en semant le doute sur la version d'un témoin. Je me battais comme une lionne.

Le réquisitoire est tombé : vingt ans pour le tireur, quinze ans pour mon client et des acquittements pour les autres. C'était au tour de la défense de plaider. Nous nous étions mis d'accord entre avocats pour fixer l'ordre des plaidoiries. Je serais l'avant-dernière à prendre la parole. La tension était à son comble. Plaider dans la grande Cour d'assises de Paris est toujours un exercice impressionnant. Et je n'avais pas encore une grande expérience. Pire encore, Henri m'avait demandé quel jour je devais plaider. Après m'avoir observée, il tenait à m'entendre.

Le jour venu, j'étais au comble de l'angoisse. Il fallait que je plaide un acquittement difficile devant une salle pleine à craquer, un parterre d'avocats prestigieux, et celui que j'admirais le plus depuis toujours, Henri, s'était installé au premier rang.

Comme j'avais peur d'être trop longue, j'avais demandé à un de mes confrères, Christian Saint-Palais, de me faire un signe s'il trouvait que je m'éternisais. Au milieu de ma plaidoirie, j'ai tourné discrètement le regard vers lui et je l'ai vu faire le geste dont nous étions convenus. Là, je me suis décomposée, cela voulait dire que j'étais en train de me planter. J'ai donc vite conclu, mal à l'aise, pas du tout sûre de moi. Et quelques minutes plus tard, j'ai vu, sans même en prendre vraiment conscience, Henri Leclerc arriver le premier vers moi avec un large sourire pour m'embrasser. Christian Saint-Palais le suivait, tout aussi souriant, je lui ai dit que j'étais désolée, avant de comprendre qu'il avait fait le fameux signe par mégarde, que, non, je n'avais pas été trop longue et que ma plaidoirie les avait tous convaincus.

Ce jour-là reste un des meilleurs moments de ma vie de pénaliste. Les accusés ont tous été acquittés et j'ai été reconnue par mes pairs. En particulier par Henri Leclerc, l'un des plus grands avocats de son temps, et un homme délicieux, d'une très grande humanité, que j'apprendrais à mieux connaître par la suite.

J'ai voulu le rencontrer à l'occasion de ce livre pour évoquer avec lui la notion de transmission, lui si attentif à ses confrères, et qui a suscité et encouragé beaucoup de vocations.

On ne devient pas un bon avocat du jour au lendemain. C'est un métier qui s'apprend. Aujourd'hui, de plus en plus de jeunes surdiplômés sont bardés de mille formations. Sauf que ça ne suffit pas... Cet apprentissage implique aussi des audiences, des passages en correctionnelle et en Cour d'assises. Et surtout, selon moi, la fréquentation d'avocats de grande qualité. Il ne s'agit pas de flatter qui que ce soit – on reste entre professionnels –, mais de s'inspirer. C'est essentiel.

Clarisse Serre : Comment devient-on un bon avocat d'assises?

Henri Leclerc : Je ne pense pas qu'il y ait d'école, ni de règles immuables. Savoir plaider implique un mélange de choses très complexes.

Bien connaître le dossier est évidemment essentiel : je veux dire, le connaître assez bien pour ne jamais être surpris, à l'audience, par des éléments qui y figurent. Aux assises, la préparation est essentielle.

Il y a aussi ce qu'on appelle l'éloquence... L'art de communiquer publiquement en donnant une impression de fluidité. Mais l'éloquence, ce n'est pas que des jolis mots. On peut tout à fait admirer la musique d'un discours sans pour autant être pleinement convaincu... sans que ce soit un bon discours d'avocat, donc.

Plaider, ce n'est pas seulement plaire : c'est communiquer sa conviction propre. Et je crois que c'est un art. Je n'ai jamais considéré la plaidoirie comme un morceau de bravoure. Plutôt comme une façon de parler à des gens, de les convaincre, comme on le ferait dans une conversation. Je crois qu'un grand avocat d'assises, c'est quelqu'un qui réussit à établir ce genre de lien avec ceux qui sont en face de lui.

Ensuite, ce n'est pas parce qu'on a envie de devenir un grand avocat d'assises qu'on le devient, mais l'envie reste une condition *sine qua non*. Bien sûr, plaider aux assises et plaider une affaire de presse en 17e chambre, ce n'est pas vraiment la même chose. Ce sont deux types de discours, presque deux façons d'être. Mais quand on s'engage dans la carrière de pénaliste, il faut savoir tout faire et surtout apprécier ces grands moments d'émotion, de tension, de travail. Sans une véritable envie chevillée au corps, souvent on fait long feu.

Enfin, aux assises, la relation avec le client est un élément essentiel. Pour être un grand avocat d'assises, il faut vraiment aimer ses clients, aimer parler avec eux. Moi, d'ailleurs, j'aime bien parler avec eux d'autre chose que du dossier. Pourquoi ? Parce que, quand je vais plaider pour un client, j'ai besoin de... je ne sais pas si on peut dire « l'aimer », c'est peut-être un peu fort, mais, disons, je dois avoir envie de le défendre, quoi qu'il ait fait. Cette passion-là, ce goût de la connaissance de l'autre, de l'échange, c'est ce qui va conférer un supplément d'âme à la plaidoirie. Quand on se rend en prison pour voir un type, parfois on le déteste, on n'y arrive tout simplement pas. Dans ces cas-là, on peut encore s'en aller – quand on s'y prend assez tôt. Ça m'est arrivé.

Faut-il aussi aimer les juges ? Il me semble que oui. C'est ce que raconte Socrate dans *Phèdre* : si on veut convaincre, il faut que le juge ait envie d'être convaincu. Et pour que ce soit le cas, il faut que toi, tu aies envie qu'il t'écoute. Le rôle de l'avocat, c'est aussi d'établir un lien entre le client et le juge, donc, évidemment, si on peut les aimer tous les deux, c'est mieux. Il y a beaucoup d'amour dans tout cela finalement, que ce soit celui de l'autre, du client, du juge, ou du métier et de ses principes mêmes.

C. S. : Pour moi, la transmission est essentielle. Il y a un savoir qu'on ne trouve dans aucun manuel : quand on déjeune, quand on dîne ensemble...

H. L. : Je le pense aussi ; la transmission ne se fait que par imprégnation.

Je le répète dans mon livre à plusieurs reprises : on ne m'a jamais donné de leçons, on ne m'a jamais fait de reproches, on ne m'a jamais félicité.

Simplement, j'ai regardé faire.

C'est ça, la transmission.

Inversement, je n'ai pas essayé d'apprendre des choses aux autres. J'ai fait mon métier, des gens travaillaient avec moi, et si je leur ai transmis quoi que ce soit, c'est parce qu'ils m'ont regardé faire.

Donc, oui, il faut aller aux assises pour voir, tout simplement, pour observer, pour se mettre dans la peau du juge, pour essayer de comprendre ce qui peut marcher.

Moi, en tout cas, c'est ce que j'ai toujours fait.

LES INVISIBLES

Avocat, ce n'est pas un métier.

Avocat, c'est une vocation.

Je n'ai pas pu citer tous ceux que j'ai rencontrés et qui portent si haut ce métier. Ils sont évidemment nombreux. L'Association des avocats pénalistes, créée par Hervé Temime et mise en lumière par Christian Saint-Palais, est un vivier incroyable de femmes et d'hommes animés par ce souci de défendre.

Cette famille professionnelle m'est chère. C'est tellement rassurant de se dire que des anciens sont là pour répondre à nos doutes et que des plus jeunes sont là pour assurer la relève.

Mais il y a aussi les invisibles qui me sont plus proches, qui me sont indispensables.

Du Cantal à la Bretagne. De la Corse au Maroc en passant par l'Alsace.

Ils se reconnaîtront.

Certains ne sont plus là, d'autres veillent sur moi, se moquent affectueusement de moi – je n'ai pas besoin de tous les citer, mais sans eux, je ne serais et ne saurais rien.

REMERCIEMENTS

Ce livre n'aurait pas existé sans Arnaud Hofmarcher, mon éditeur et ami.

Et, aussi, à mes deux complices de lecture préférées, Marie-Dominique Bon et Monique Risser.

TABLE DES MATIÈRES

MIXTE
Papier issu de
sources responsables
FSC® C003309

L'éditeur de cet ouvrage s'engage dans une démarche de certification FSC® qui contribue à la préservation des forêts pour les générations futures.

Pour en savoir plus :
www.editis.com/engagement-rse/

Imprimé en France
par Normandie Roto Impression s.a.s. à Lonrai
N° d'impression : 2204972